E. G. Pastoriza

CÓMO DEMOCRATIZAR NUESTRA DEMOCRACIA

UN PLAN PRÁCTICO PARA DISPARAR DE MANERA EFECTIVA NUESTRA PROSPERIDAD Y NIVEL DE VIDA PONIENDO A NUESTROS POLÍTICOS EN CINTURA

Índice

Prólogo

Hay alarma y preocupación en gran parte del mundo occidental por el crecimiento inusitado de partidos políticos de derechas. Partidos conservadores o liberales están presentes ya en los parlamentos de casi todos los países de la Unión Europea y hasta gobiernan en dos de ellos, Polonia y Hungría, mientras en otros, como Austria, posiblemente ganen las próximas elecciones.

En Francia, Dinamarca, Italia, Países Bajos, Bélgica, Noruega y otros países, constituyen la fuerza política más votada o están cerca de ello. No solo en Europa. En el resto del mundo está ocurriendo algo parecido, como demuestra el triunfo de Donald Trump en las últimas elecciones norteamericanas.

La inquietud cunde porque la tendencia socialdemócrata dominante en Occidente desde la Segunda Guerra Mundial está perdiendo posiciones en todas partes. Tras un largo período de dominio, los socialdemócratas ahora se sienten amenazados. Los propios políticos y la prensa afín se esfuerzan en desacreditar a estos partidos emergentes tildándolos de *extrema derecha*, *derecha radical* o *ultraderecha*, como para suscitar el rechazo del electorado apelando al miedo al nazismo o al fascismo. De manera difusa e inconcreta, les atribuyen tendencias antidemocráticas.

En algunos casos, como el de VOX en España, ese trato es manifiestamente injusto. Entre los 100 puntos publicados por ese partido que definen su posición política, no hay uno solo que pueda calificarse válidamente de antidemocrático, ni tampoco se han dado casos en que hayan usado métodos fascistas o nazis para imponerse. Pero los demás partidos le combaten de esta forma porque lo ven como una amenaza.

Quizá el ascenso de las derechas tiene causas variadas y complejas, pero entre todas ellas, en opinión de quien esto escribe, la más importante con diferencia es el hartazgo de la gente con las políticas seguidas por los partidos dominantes hasta ahora. Por ejemplo, hartazgo con la impuesta corrección política, con su hipocresía, con su ventajismo, con sus múltiples corruptelas, con la implantación de medidas que chocan de frente con el sentir de la gente, como en el caso la inmigración descontrolada o el ocultamiento de delitos cometidos por extranjeros para no generar xenofobia, etc. Nuestros políticos no ven el ascenso de la derecha como reacción a su mal hacer. No lo ven así o no lo quieren ver, pero así es como lo sentimos muchos ciudadanos y por ello crece el voto a la derecha. No tanto por razones ideológicas, sino como la manera más directa de acabar con el presente estado de cosas que muchos consideramos inaceptable. Estamos hartos y queremos cambiar.

En el caso de España, los partidos dominantes en los últimos 40 años han desarrollado una labor más que objetable en muchos aspectos, sobre todo en el desarrollo económico del país. ¿Qué opina Ud. al respecto, estimado lector? ¿Está Ud.

satisfecho de la labor de nuestros políticos? ¿Le parece que lo están haciendo bien?

Probablemente Ud. conteste que **no** a estas dos últimas preguntas. Si Ud. es como la mayoría de los españoles, estará harto y asqueado de políticos y partidos, de su ineptitud, de sus mentiras, de sus manipulaciones, de la corrupción que campea por doquier y de su incompetencia. Si es así, le va a gustar lo que le propongo en este ensayo: un plan para darle la vuelta como a un calcetín a nuestra situación política actual.

En estas páginas se pasa revista a algunos de los aspectos más negativos de la política española, se examinan los rasgos dominantes de los políticos profesionales, se muestra cómo el deterioro político se inició ya con la redacción de la Constitución de 1978, y se pone de relieve la necesidad urgente de una reforma drástica. Tras ello se esboza un plan viable para llevar a cabo los cambios que necesitamos.

Este es el primero de una colección de tres ensayos. En el segundo, de próxima publicación, se proponen los cambios que podrían elevar muy sustancialmente nuestra prosperidad y nuestra calidad de vida; en el tercero, previsto para dentro de un par de meses, se elabora un plan detallado de cómo llevar a la práctica los cambios necesarios, sin traumatismos, solo mediante el voto y la participación directa de los ciudadanos autoorganizados a través de Internet y las redes sociales.

1. NUESTRO MAYOR PROBLEMA

Según el Barómetro del CIS de febrero de 2017 en el que se preguntaba sobre las tres principales preocupaciones de los españoles, el paro resultó ser la primera para el 47,7 % de los consultados, la segunda para el 17,6 % y la tercera para el 6,9 %. En otras palabras, el paro es el primer, segundo o tercer problema de los españoles en opinión del 72,2 % de los encuestados. Le sigue la corrupción, que lo es para el 37,3 %; para el 27,0 % lo es la situación económica y para el 23,4 %, los políticos y los partidos.

El barómetro consultó directamente sobre políticos y partidos como temas separados de los tres anteriores, pero, en realidad, desempleo, corrupción y situación económica son también atribuibles a la deplorable gestión de los asuntos públicos por los políticos a cargo de los distintos gobiernos desde la Transición. Lo que la encuesta muestra es que el principal problema para los españoles, muy por encima de cualquier otro, es el deficiente desempeño de la clase política que nos gobierna. Al menos, así opinamos una amplia mayoría.

En ese sondeo, la situación política general de España era percibida como mala o muy mala por el 70,1 % de los españoles, mientras que era buena o muy buena para el 2,9 %, y el 71,4 % esperaba que dentro de un año sería igual o peor. Resumiendo: sentimos que estamos mal y no tenemos esperanza de mejorar. Por el contrario, nos tememos que vamos a ir a peor.

Como encuesta de opinión, esa percepción de la gente no es necesariamente un buen retrato de la realidad, pero un análisis objetivo no hace sino confirmarlo: que el mayor obstáculo para el progreso de los españoles es, en efecto, la clase política, porque ha olvidado su misión de servicio y se dedica no solo a medrar desvergonzadamente a costa de los contribuyentes, sino que también ha creado un interminable rosario de trabas y dificultades para la sociedad civil que suponen un serio obstáculo para nuestras posibilidades de progreso.

Es sistema político actual nacido en la Transición ha creado graves problemas para el ciudadano allí donde antes no los había, no resuelve ninguno de ellos y su número aumenta a diario, por ejemplo:

- Hay casi 1.200.000 hogares con todos sus miembros en paro [1]. El desempleo es un problema mayúsculo que ha llevado a muchas familias a la miseria y empuja a nuestros jóvenes a desarraigarse y buscarse la vida fuera de España. En estos últimos dos años el paro ha descendido, pero aún sigue afectando a cerca de uno de cada seis trabajadores.

- Los salarios de los españoles son insuficientes para llevar una vida medianamente desahogada. Aun aquellos afortunados que disponen de un empleo ven cómo su poder adquisitivo es escaso y buena parte de ellos tienen dificultades para llegar a fin de mes. Peor aún, la tendencia actual del poder adquisitivo es a disminuir: En 2016 los salarios medios fueron un 0,8 % menores que en 2015 [2] y el nuevo equipo de gobierno de Sánchez tiene en cartera planes que lo disminuirán todavía más

- Los cálculos de los economistas indican la insostenibilidad a largo plazo de nuestro sistema actual de pensiones, augurando penurias futuras para los mayores y también en buena medida para el resto de la población. Los políticos de diversos partidos que se ocupan de ello se reúnen de vez en cuando en el llamado Pacto de Toledo para acabar poniendo parches que no solucionan nada y que consisten en recortar el monto de las pensiones futuras y retrasar la edad de jubilación. Hoy en día, una porción significativa de trabajadores va a recibir menos dinero en pensiones del que aportó al sistema. Y la tendencia es a empeorar más y más con el tiempo.

- Los españoles estamos sometidos a una presión fiscal insoportable que, por la irresponsabilidad y voracidad de nuestros despilfarradores gobernantes, amenaza con seguir aumentando día a día sin ningún límite aparente. Más de la mitad de nuestro tiempo lo dedicamos ya a trabajar para sostener este Estado hipertrofiado y manirroto que no para de crecer.

- A pesar de los ya elevados impuestos, el Gobierno sigue gastando cada año decenas de miles de millones de euros más de lo que ingresa, pidiendo prestado y endeudándonos más allá de todo límite razonable. No importa cuánto produce la nación ni cuánto es la recaudación por impuestos. El Gobierno siempre gasta más de lo que recauda, aun en años de bonanza.

- La deuda soberana ya ronda el 100 % del PIB, lo cual supone una pesada carga para nuestra economía y para nuestras posibilidades de crecimiento futuro. Los intereses de esta deuda ya suponen un porcentaje importante del PIB. Hoy consume unos 32.000 millones del presupuesto, unos 680 € anuales por habitante, y este monto se incrementará cuando los intereses aumenten, cosa inevitable tras el largo período en que nos han prestado dinero muy barato. Quizá Ud. no lo note, pero igual lo paga mediante impuestos y salarios más bajos.

- Con frecuencia la prensa airea abusos y conflictos diversos generados por políticos y grupos de presión afines a ellos que irritan y crispan al ciudadano medio hasta el punto de crear un estado de ánimo muy negativo caracterizado por el hartazgo, la rabia, la frustración, la pugnacidad, la inconformidad y un peligroso deseo de acabar con todo esto como sea, sin importar lo que venga detrás.

- A diario estamos siendo bombardeados por noticias de una corrupción generalizada que afecta a casi todos los partidos y nos conducen a la idea de que estamos gobernados por una banda de pillos que nos roban a placer, nos explotan y viven de nosotros como parásitos.

- Los atentados del 11-M dejaron 193 muertos y más de 2000 heridos. Hoy, 15 años después, muchos estamos todavía esperando que se identifique a los autores de manera convincente y se haga justicia. Lo que está claro es que fue un atentado de origen político. Y los subsiguientes gobiernos del PSOE y el PP han hecho todo lo posible para obstaculizar la investigación mediante la sistemática destrucción de pruebas. No sabemos por qué, pero si los principales partidos pusieron tanto empeño en impedir que se identificase a los culpables, es inevitable concluir que tienen algo que ocultar y que debe de ser algo muy grave. No sabemos quiénes fueron los autores, pero a ciencia cierta sabemos que los gobiernos de Zapatero y Rajoy son responsables de su ocultamiento.

- Muchos españoles nos sentimos indignados por el trato que los gobiernos de Zapatero, de Rajoy y ahora de Sánchez han dispensado a los asesinos de ETA y sus compinches. A unos los han excarcelado con pretextos triviales y a otros hasta les permiten ocupar cargos de representación política y cobrar suculentos sueldos a cargo de los contribuyentes y aun de sus víctimas. Y no han movido un dedo para identificar y castigar a los culpables de más de 300 asesinatos de ETA aún sin resolver. Además, hay indicios de que se está preparando el acercamiento de los presos de ETA a cárceles del País Vasco para que el PNV los libere sin que se note mucho.

- La propia España, nuestra querida Nación, está cerca de romperse en pedazos por obra de una casta política compuesta de traidores y enajenados. Y nuestros máximos gobernantes, obligados por ley a poner coto a los disparates separatistas y teniendo poder para poner fin a esa locura, no solo no cumplen con ese su deber, sino que incluso colaboran con ellos y financian con nuestro dinero tan nefasto propósito. Con la complicidad de los varios gobiernos centrales, Cataluña está ya casi fuera de España; el País Vasco y Navarra van siguiendo el mismo camino y detrás vienen Baleares, Valencia, Galicia, Canarias y hasta Andalucía. Si desde la Sociedad Civil no hacemos algo para detener este disparate, nuestros hijos y nietos heredarán solo los restos de esta gran nación.

Todos estos problemas y otros muchos son consecuencia directa de cómo nuestros dirigentes políticos han manejado el país en las últimas décadas. De seguro que ninguno admitirá ser responsable de ellos, porque son expertos en echar sobre otros la culpa y las consecuencias de sus desmanes. Pero no pueden esquivar el hecho de que fueron ellos quienes condujeron el país hasta donde está hoy, quienes por intereses egoístas crearon las calamidades que hoy nos afligen. Son responsables todos aquellos que militan o han militado en el PSOE y el PP y especialmente los partidos nacionalistas catalanes y el PNV, que han condicionado la acción del gobierno central para su propio beneficio.

Causa asombro y enojo la falta de respeto de nuestros políticos por sus electores y la casi completa ausencia de preocupación por su bienestar. No les importan los problemas de los ciudadanos. Han tenido y aún tienen la oportunidad de desarrollar unas condiciones de vida muy superiores a las actuales para toda la población, pero no lo hacen ni lo harán. No están en ello ni se sienten obligados a nada. Su comportamiento revela que lo suyo es la lucha por el poder, los cargos, las poltronas, los privilegios, el protagonismo mediático, el boato, el presupuesto y su 3 %. Entienden sus privilegios como un derecho, como parte del orden natural de las cosas. Llevan tanto tiempo instalados en esa mentalidad que han perdido de vista que **la única posible justificación para la existencia de sus privilegios es el servicio a su pueblo**. De ahí que seamos nosotros, los gobernados, los que debamos tomar la iniciativa para enderezar tanto entuerto.

2. LOS POLÍTICOS: POR QUÉ SON COMO SON

Se suele decir que los líderes políticos provienen del pueblo, que son parte de él y, por lo tanto, son como él, ni mejores ni peores, ni más ni menos honrados, ni más ni menos capaces. Si admitimos esto y vamos mal, pensaríamos que no hay nada que hacer al respecto, pues nosotros mismos seríamos el problema, todos nosotros como sociedad, no solo los líderes.

Pero eso no es cierto. Es verdad que los líderes son parte del pueblo, pero no es cierto que sean como él, es decir, que sean como la mayoría, como tampoco lo son los jugadores de baloncesto con relación a su estatura, los cantantes con relación a la calidad de su voz o los científicos con relación a su capacidad analítica. Los políticos no son como su pueblo porque llegaron a sus posiciones no por azar, lo cual produciría una muestra representativa, sino mediante un proceso de selección basado en unas características, habilidades e inclinaciones personales diferentes a las de la mayoría de la población. Luego se someten durante años a un ambiente, unas circunstancias y una dinámica social muy particular: la de la lucha sin cuartel por el poder que impera dentro de los partidos políticos. Ese ambiente selecciona y aúpa a tipos de personas que distan mucho de ser como la mayoría de la gente de a pie.

Un político profesional es alguien cuyo objetivo en la vida es gobernar la vida de los demás. Es alguien que, aun teniendo dificultad para organizar decentemente su vida propia, cree estar capacitado y con derecho a organizar las vidas de otros, sin tener conciencia de sus propias limitaciones y como si el resto del mundo estuviese formado por seres incapaces de valerse por sí mismos. Es alguien cuya actividad se centra en la lucha por el poder; alguien que vive del presupuesto sin producir nada que la gente quiera comprar; alguien que produce leyes, decretos, normas, controles que obligan a los ciudadanos a comportamientos que se acomoden a sus deseos, ideologías o conveniencias; alguien que le impone sus propias ideas a los demás despreciando las de estos. Alguien cuya actividad resulta en una merma de las libertades y derechos de los ciudadanos de a pie.

La formación de un político profesional suele comenzar en la adolescencia, cuando los jóvenes empiezan a preocuparse por lo que harán en su edad adulta. Algunas personas que he conocido, estando aún en la infancia, empiezan a tomar conciencia de lo mucho que está mal en el mundo y de las miserias a las que muchas personas son sometidas por el mal hacer de los gobernantes y en consecuencia conciben sueños sobre cómo arreglar todos los males que aquejan a la humanidad. Son sueños fantasiosos, limpios, puros, exentos de egoísmo. Pero son solo eso: sueños, que se desvanecen a medida que la persona crece y se da cuenta de su imposible realización. Quizá algunos, muy pocos, conserven algunos de esos sueños al llegar a la edad adulta, pero no suelen dedicarse a la política. La mayoría, en la adolescencia deciden conscientemente dedicarse a profesiones en las que sus naturales habilidades les permiten sobresalir y prosperar. Muchos ni siquiera deciden, sino que las circunstancias les conducen a esas ocupaciones. Si el individuo es un gandul, poco amigo de trabajar y de esforzarse, se conformará con una calidad de vida mediocre, pero que le permitirá ir tirando y disfrutar algo de la vida sin muchos sudores.

Si ese mismo gandul no se conforma con esa clase de vida poco destacable, sino que, además de holgazán, es ambicioso y aspira al lujo, a ganar fortunas y notoriedad con poco trabajo y además se le da bien hacer amigos, entonces fácilmente llega a la conclusión de que su futuro está en la política. Se percata de que, con el escaso esfuerzo que está dispuesto a realizar, las altas remuneraciones a las que aspira solo pueden alcanzarse en la actividad política.

Además, en política hay trabajo garantizado. Siempre hay algún chollo para ellos, y si no lo hay, se les crea un cargo a su medida. Los partidos políticos no quiebran. Cuando les va mal, se disgregan, y hasta desaparecen, pero sus miembros acaban formando parte de otros partidos. Muy raramente van al paro.

Para el político cuenta también de manera importante la tradición familiar: el hijo de joyero tiene una alta probabilidad de dedicarse a la joyería; el hijo de obrero es muy probable que sea también obrero; el hijo de político no va a ser diferente. El ambiente y las conversaciones en su hogar le irán orientando hacia la política de manera natural desde edad temprana, y las relaciones sociales y amistades de sus padres le facilitarán y allanarán el camino para entrar en política con ventaja en cuanto tenga la edad. Luego, ese aún adolescente se inicia en la política profesional metiéndose en un partido. Empieza pegando carteles y haciendo recados, luego un carguito pequeño, luego una concejalía o una asesoría, luego jefe o director de algo o una alcaldía, luego diputado y, más adelante, el cielo. Así se explica que hoy tengamos tanto político antifranquista furibundo cuyos padres fueron funcionarios de alto rango en la dictadura. Lo cual justifica el dicho de que *siempre mandan los mismos*. En cualquier régimen.

Esa es la clase de persona que vemos con frecuencia en la política profesional. Gente poco proclive al esfuerzo y con escasa preparación, pero con muchas ambiciones. Precisamente, el tipo de persona menos adecuado para dirigir una sociedad hacia un mayor desarrollo y bienestar.

Debido a su organización, los partidos políticos funcionan como un filtro que tiende a concentrar en sus niveles superiores a un tipo de persona que difiere mucho del promedio de la población. Solo los más hábiles trepadores y los más carentes de escrúpulos llegan arriba. Una persona íntegra, digna y honrada tiene pocas posibilidades de ascender en ese mundo en el que la mayoría están poseídos por la sed de poder y lo persiguen dispuestos a alcanzarlo a cualquier costo, sin que le detengan consideraciones morales.

Una persona íntegra en una función pública no puede garantizar su lealtad incondicional a un jefe, porque tiene sentido del deber y entiende que se debe al pueblo al que sirve, no a un personaje que bien pudiera tener intereses distintos y aun opuestos a los de la gente común. Por ello ningún jefe promocionará a posiciones superiores a un subalterno como ese. En su lugar, promocionará a alguien que le sea incondicionalmente leal y confiable. Alguien que le apoyará cuando llegue la ocasión de organizar algún chanchullo inmoral o ilegal o de ponerle zancadillas a un rival. Una persona íntegra simplemente no puede progresar gran cosa dentro ese mundo.

En un partido político todos quieren mandar, tener un cargo con poltrona, bien remunerado y con coche oficial, y para lograrlo, la mayoría no se detiene ante límites morales. Una organización así no es la adecuada para preparar a los buenos gestores que necesitamos en la administración del Estado. Y si los líderes que han de dirigir nuestras vidas como sociedad proceden de partidos políticos como hasta hoy, no es muy probable que tengamos administradores eficientes de la cosa pública. Siempre nos gobernará uno de esos astutos trepadores con pocos escrúpulos y exceso de ambición de los que pululan entre los partidos.

3. EN TODAS PARTES CUECEN HABAS

Los políticos de la mayoría de nuestros países vecinos presentan rasgos similares a los de aquí porque tienen también sistemas políticos como el nuestro; son también democracias representativas degradadas a partidocracias en las que los partidos se dedican casi exclusivamente a la conquista del poder. Pero los nuestros exhiben una falta de escrúpulos y una desvergüenza que no tiene paralelo en los alrededores.

La pobreza intelectual de nuestros líderes políticos en las últimas décadas corre pareja con su endeble moral y escasez de estudios. Por la prensa nos enteramos de que una proporción sorprendente de políticos de primera fila ha falsificado títulos universitarios y se atribuyen estudios que no han hecho, intentando ocultar su falta de preparación. Es la constatación de su escasa inclinación al esfuerzo y de sus limitaciones intelectuales. Buena parte de ellos parecen llevar la falsedad, la mentira y la simulación en sus genes.

No sucede solo aquí. Es un mal generalizado, pero aún hay diferencias. El ministro alemán de defensa, Karl-Theodor zu Guttenberg, dimitió en marzo de 2011 porque un periódico destapó que había copiado un 20 % de su tesis doctoral sin citar las fuentes. Al verse descubierto compareció públicamente ante las cámaras de televisión, renunció a su título de doctor y dimitió de su cargo para no perjudicar con su presencia el Gobierno de Angela Merkel. Era joven, talentoso, con buena presencia, era el político mejor valorado, con un 70 % de aprobación y llevaba una vida privada ejemplar. Se le consideraba un firme candidato a suceder a la Sra. Merkel en la Cancillería. Y renunció a todo esto porque, a pesar de ser alguien que cometió el fraude de plagiar parte de su tesis, aún conservaba una notable entereza moral y una dignidad que ya quisiéramos en nuestros propios dirigentes. Los nuestros no dimiten, aunque les pillen en fraudes bastante mayores. Los de por aquí se atornillan al poder y solo lo dejan cuando se lo imponen los hechos de manera inapelable.

Hace pocos meses se pretendió enjuiciar al presidente del Partido Popular, Pablo Casado, por una supuesta falsedad documental. En opinión de la juez que llevaba la instrucción del expediente, es dudosa la validez del título de máster que figura en su currículo. También puede ser que se trate de un encarnizamiento judicial injustificado contra el líder del PP, porque el Tribunal Supremo ha cerrado el caso al no encontrar indicios de delito. Desde luego, el Sr. Casado no dimitió y tiene buenas posibilidades de llegar a ocupar algún día el cargo de presidente del Gobierno.

Como respuesta al acoso judicial a su presidente y al caso de Cristina Cifuentes por otro máster aparentemente fraudulento, el PP ha hecho pública una lista de cargos políticos de otros partidos que exhiben currículos inflados con títulos ficticios. Encendieron el famoso ventilador como forma contundente de expresar el "*y tú más*".

Esa lista comienza con Luis Roldán, notable del PSOE, ex Director General de la Guardia Civil, quien se inventó que era ingeniero y que además tenía una licenciatura y un máster, cuando en verdad no llegó siquiera a terminar el bachillerato. Pero el caso de mayor entidad es quizá el de Pedro Sánchez, nuestro flamante presidente del Gobierno, que presume de un doctorado cuya tesis fue escrita en un 90 % por miembros de su equipo del Departamento de Industria, según aseguró en privado el exministro de Industria Miguel Sebastián. Además, se atribuye una más que dudosa licenciatura y un máster del IESE que no fue tal [3][4]. No es que haya plagiado una fracción pequeña de su tesis, como hiciera el ministro alemán. Es que su tesis es casi en su totalidad obra de otros, no suya. Y además dice tener otros títulos que no posee. Lo que estos hechos revelan sobre la solvencia moral de nuestro presidente es como para avergonzar a todos los españoles, pero no por eso dimite, ni tampoco le acosa un poder judicial que parece bastante más interesado en perseguir a políticos del PP.

Según el periódico Libertad Digital[3], la lista de personajes notables de nuestra política que han engordado su currículo a base de títulos ficticios o dudosos es larga. Del PSOE figuran personajes de primera línea como Susana Díaz, Patxi López, Elena Valenciano, Bernat Soria, José Blanco, Óscar Puente, Ximo Puig, José Montilla y algunos más. Tampoco se salva ninguno de los otros partidos grandes. Hay gente de Podemos, incluyendo a su presidente, Pablo Iglesias, y otros personajes de primera fila, y también los hay de Ciudadanos, de Bildu, de ERC y de IU.

Aparte de simular lo que no son, muchos de nuestros políticos tienen otro rasgo aún peor: su inclinación al enriquecimiento ilícito mediante mordidas por contratos de obra pública o directamente metiendo la mano en el dinero del presupuesto mediante combinaciones y apaños más o menos imaginativos. A estas alturas hay más de 1000 políticos de primera fila enjuiciados por corrupción.

La deshonestidad parece ser la marca de fábrica de nuestros políticos profesionales a todos los niveles. Esos personajes cuyos cargos y poder les confieren una gran capacidad para dirigir nuestros destinos, constituyen en realidad una pandilla de golfos. Estamos en manos de indeseables. A esto conduce el sistema político actual.

4. VIVIENDO SIEMPRE DEL PRESUPUESTO

El hecho de que la gran mayoría de los mandos de nuestros partidos nunca haya desempeñado trabajo alguno en el sector privado tiene importantes consecuencias. Nunca han estado en los zapatos del empresario, del tendero, del gerente, del autónomo o del obrero que tiene que ganarse el pan en la dura competencia que prevalece en el mundo real del que formamos parte la mayoría de la población. Es natural que tales personas sean partidarias de aumentar siempre el gasto público, porque viven de él. Para ellos es como si la riqueza fuese maná que cae del cielo. Si quieren más dinero lo tienen bien fácil: basta con idear un nuevo impuesto o aumentar alguno de los ya existentes. Y no les preocupan las negativas consecuencias que los impuestos acarrean a los contribuyentes. Aparentemente, no sienten ni tampoco comprenden la situación de quienes se esfuerzan día a día por prosperar trabajando y contribuyendo al bienestar general, porque nunca han estado en tal situación. Para ellos, el mundo de los trabajadores, muchos de los cuales tienen dificultades para llegar a fin de mes, es algo ajeno; nunca lo han sentido en su piel, no lo comprenden, no lo sienten y por ello no es esperable que actúen para aumentar el bienestar de ese pueblo trabajador.

Como las aspiraciones de poder y riquezas de la clase gobernante son siempre crecientes y la capacidad económica del país, aunque también crece, lo hace a un ritmo bastante más lento, la consecuencia inevitable es el aumento constante de la carga impositiva que soporta la población y, como aún esto también les resulta poco, recurren al endeudamiento aumentando sin límite aparente la deuda nacional. Nuestros políticos no solamente gastan más de lo que la población produce hoy; también se gastan hoy lo que producirán mañana nuestros hijos y nuestros nietos. ¿No es esto una estafa realizada contra las generaciones futuras?

En 2008, al final de la primera legislatura de Zapatero, la deuda pública por habitante era de 9.511 euros. En 2019 ya es superior a 25.000 euros [23], más de 100.000 euros por cada familia de cuatro miembros. Esto es el dinero que deben los españoles, todos, incluso los recién nacidos. ¿Como es posible que un bebé tenga una deuda de ese tamaño si nunca se gastó un céntimo? Pues porque se lo gastaron en su nombre los gobiernos de José Luís Rodríguez Zapatero, Mariano Rajoy Brey y Pedro Sánchez Pérez-Castejón y sus cohortes de paniaguados.

Los gobernantes piden prestado, se lo gastan en lo que les place, se roban buena parte, se lo disfrutan y la gente corriente paga. No hace falta que cada español vaya al banco a pagar lo que le toca. Lo paga a través de salarios bajos y en impuestos que el Estado le quita *con todo el peso de la ley*.

Si a Ud. le parece bien esta situación, no tiene que hacer nada. Quizá le complazca ver con sus propios ojos cómo la deuda de cada español, incluyendo la suya propia de Ud., va creciendo hasta 30.000, luego a 50.000, luego a 70.000 euros y más.

Pero si esto le parece injusto e intolerable, le animo a hacer algo, bien por reparar la injusticia o por la defensa del bienestar de sus hijos y nietos y de Ud. mismo. Ese algo puede ser sumarse al proyecto planteado en este ensayo, difundiendo las ideas expuestas aquí y en el web www.ForoCivil.es.

La primera medida en esa dirección puede ser ir a la página de Amazon.es correspondiente a este libro (Amazon.es, departamento Tienda Kindle y escribir "democratizar" en el espacio de búsqueda, luego pinchar en la imagen del libro) y calificarlo de la manera más positiva que a su juicio merezca, tanto en el número de estrellas marcadas como en un comentario o reseña. El éxito de esta iniciativa depende de cuanta gente se sume a ella, por lo cual es esencial darle la mayor difusión posible. Y su calificación tanto en estrellas como en comentario puede contribuir a que más gente se adhiera a la causa.

Algunos políticos, amigos de aumentar sin límite la deuda pública, han llegado a decir que no debemos preocuparnos por ella porque *la deuda pública no se paga nunca*. Y parece que tienen razón. Cuando la deuda alcanza montos que superan la capacidad de pago del país, entonces el gobierno se declara en *default*, los funcionarios autorizados se reúnen con los acreedores y acaban acordando una *quita*, por la cual se les *promete* a los acreedores devolver una fracción del capital originalmente prestado a cambio de perdonar el resto. Pero no es cierto que la deuda no se pague. Se paga y muy cara, pero la pagan los ciudadanos de a pie, porque las condiciones que imponen los acreedores para aceptar la quita suelen ser un fuerte aumento de impuestos, disminución de salarios y restricción del gasto público. Cierto que quienes contraen la deuda, los políticos, no tienen que pagarla, porque ellos pueden aumentarse el sueldo cuando les plazca y no sufren las estrecheces impuestas por la quita. Para pagarla está la gente de abajo.

Cuando un político habla de que la deuda pública no se paga nunca está haciendo gala de su condición de estafador. Está confesando su disposición a pedir prestado con intención de no devolver el dinero. Si esto no es una estafa, ¿qué lo es? Pues esta es la clase de dirigentes que nuestra democracia nos provee.

5. EL ESTADO

La percepción que el ciudadano común tiene del Estado es algo difusa y muy positiva: el Estado es el que nos proporciona la sanidad pública; quien nos paga las pensiones en la vejez; quien mantiene el orden y quien nos defiende de enemigos externos; es la Autoridad; es la Justicia; es quien nos representa a todos y es la Patria; en cierto sentido hasta podemos decir que el Estado somos todos.

Se le atribuye al Estado el bien común como objetivo central de su existencia y su razón de ser. Se supone que el egoísmo, la maldad y toda la gama de defectos que nos aquejan a los humanos están ausentes en el Estado. Como si fuese una organización formada por seres angelicales. Para muchos, el Estado es lo más importante que existe en un país. Por eso, cualquier acción contra el Estado se considera como lo más abominable que un ciudadano pueda hacer; se percibe como un acto en contra de todos y cada uno de nosotros, y, en cierta medida, hasta como una afrenta personal. La *razón de Estado* es lo más contundente e indiscutible que imaginarse pueda y el *secreto de Estado*, lo más inviolable que existe.

Esta visión generalizada del Estado que tenemos hoy en día, mantenida interesadamente por la clase dominante, no se corresponde con la realidad. **Ese Estado no existe**. Es una ficción. Lo que existe en su lugar es una poderosa red de hombres y mujeres de carne y hueso, con toda su carga de virtudes y defectos, que están investidos con los poderes del

Estado y cuya principal meta en la vida es el logro de su bienestar personal, no el bienestar de la mayoría. Esos quienes son la encarnación del Estado, desde el presidente del Gobierno, los ministros, los diputados, los senadores, los asesores de cargos públicos, los directores, los alcaldes, los concejales, los almirantes y los generales, todos se dedican a lo mismo: a lograr y aumentar su bienestar personal. Como cualquier hijo de vecino, pero, a diferencia de este, con un enorme poder de coacción.

La confusión entre la ficción de un entrañable Estado benefactor y la realidad de que es un grupo de personas tan egoístas como las demás, pero investidas de un inmenso poder, es la fuente de la mayoría de nuestras calamidades. Es una confusión un tanto irracional, pues presupone que las personas que detentan el poder del Estado, si bien individualmente son seres egoístas y defectuosos, en conjunto constituyen una organización ideal exenta de todo defecto humano. Es una confusión que necesitamos aclarar para poder enfrentar nuestros problemas políticos tal como son. Este enfrentamiento no es entre el individuo contra un hipotético Estado benefactor que no existe. Es el del individuo contra otros individuos que le someten a toda clase de limitaciones, multas, controles, prohibiciones, obligaciones y explotación utilizando el inmenso poder del Estado.

No cabe insistir demasiado:

El pretendido Estado paternal y benefactor que muchos aceptan sin más análisis NO EXISTE. Lo que en su lugar existe es un grupo de políticos investidos con los poderes del Estado, los cuales usan a su discreción y conveniencia.

El Estado real es el instrumento mediante el cual la clase política se impone y explota al resto de la población.

Es el gran negocio de los políticos. No existe otro negocio que rinda más y con menos esfuerzo. Les permite llevar una vida de abundancia y grandes lujos, privilegios y disfrute hedonista del poder. Es literalmente la *explotación del hombre por el hombre*, en versión contemporánea.

El enorme poder del Estado, frente al cual el individuo está indefenso, es lo que faculta al político para imponerle a la sociedad sus ideas, sus puntos de vista y su conveniencia, aplastando toda posible oposición. Es el medio que le permite la satisfacción de sus apetencias personales y la revancha por sus humanas limitaciones y frustraciones.

Tras lo dicho más arriba, podría pensarse que quien esto escribe sostiene que el Estado es algo dañino e indeseable, como predican los anarquistas. Nada más lejos de mi intención. Las funciones que cumple el Estado son imprescindibles para que las sociedades modernas puedan desenvolverse y prosperar de manera civilizada y más o menos armoniosa. Ninguna sociedad que vaya un poco más allá de la organización familiar o tribal puede existir sin un

Estado. Una sociedad sin Estado sería un caos que se regiría por la ley del más fuerte. Sería volver a la ley de la selva que hemos dejado muy atrás en la prehistoria.

El Estado tiene que existir y necesita tener poder para cumplir sus funciones. Para mantener el orden público, para la defensa de la población contra potencias extrajeras, para mejorar las infraestructuras, la sanidad y educación públicas, la justicia, etc., es imprescindible que el Estado tenga el poder necesario para llevar a cabo esas tareas. El Estado con sus poderes es una absoluta necesidad para cualquier sociedad moderna. Lo que es negativo no es el Estado en sí, sino el uso que una clase política egoísta e irresponsable hace de sus poderes para expoliar al resto de la población. Lo negativo es la ciénaga en la que los partidos políticos han convertido la política en su lucha por el dominio del Estado.

Dado que, dentro de un país, el Estado es el poder más grande que existe, esos personajes a que me he referido, poco amigos del esfuerzo, pero ambiciosos, con poca preparación, con unos principios morales dudosos y con una sed insaciable de poder personal que les lleva a meterse en un partido político, necesariamente ven el Estado como el gran objetivo de sus luchas. Es el premio gordo. El mayor poder posible. Atrae a los políticos de manera irresistible. Para algunos de ellos, es el cielo. Y ese es un gran problema, porque conduce a que los poderes del Estado caigan casi siempre en las manos menos adecuadas.

6. EL PODER POLÍTICO

Por naturaleza, los humanos tenemos una fuerte compulsión hacia el poder. Las acciones que ponen de relieve nuestra superioridad y nuestra posición de dominio sobre otros nos producen una respuesta neurológica placentera que nos lleva a desear imponer nuestro control sobre nuestros semejantes. El fenómeno se ha estudiado ampliamente y se ha establecido que esa adicción al poder es común a muchas especies de animales que viven en sociedad.

Tal parece que esa tendencia ha sido una ventaja evolutiva importante desde que comenzó la vida en la Tierra, puesto que tiende a colocar al individuo en situaciones ventajosas para la reproducción y la alimentación.

Así, en experimentos con monos [5] se encontró que en aquellos ejemplares que ejercen posiciones dominantes, la concentración de dopamina en sus cerebros es mayor que la que tienen los dominados. Y el nivel de dopamina aumenta en un mismo ejemplar cuando es promovido a posiciones de mayor poder.

La dopamina es el principal neurotransmisor relacionado con sensaciones placenteras. Podría decirse que es la molécula del placer y la euforia. Se produce en ciertas regiones del cerebro que se activan cuando alcanzamos algún triunfo, cuando ganamos en algún juego, cuando realizamos algo que pone de manifiesto nuestra superioridad sobre otros, cuando comemos, etc. Pero esa es también la respuesta cerebral al consumo de cocaína y otras drogas: *la manifestación de poder sobre terceros activa a nivel celular en el cerebro el mismo circuito de recompensa que la cocaína o las anfetaminas, e igualmente conduce a la adicción.*

El fenómeno se conoce en Psicología como el **Síndrome de hybris**, o "enfermedad del poder". El concepto de *hubris*, *hibris* o *hybris* procede del griego antiguo y se refiere a una falta de control sobre los impulsos propios, a una tendencia irracional hacia pasiones exageradas y violentas, y a un sentimiento de desprecio hacia los demás. Se caracteriza por una serie de comportamientos como tendencia a la megalomanía, tendencia a minusvalorar los riesgos, exceso de confianza en el juicio propio y desprecio hacia el juicio ajeno, imprudencia, impulsividad, narcisismo, tendencia a la omnipotencia, preocupación obsesiva por la propia imagen, pérdida de contacto con la realidad, desatención a los peligros, y otros comportamientos parecidos [6][7].

La enfermedad del poder se agrava con el ejercicio prolongado del mismo. Como en el caso de la drogadicción, con el tiempo se desarrolla tolerancia a la droga y una necesidad creciente de dosis mayores para alcanzar el mismo nivel de placer. El poderoso siempre quiere más poder y, como ocurre con cualquier drogadicción, a medida que pasa el tiempo necesita dosis mayores de su droga, es decir, de más poder [8].

Durante el ejercicio prolongado del poder, las emociones del mandante cambian con el tiempo y sus principios morales se van debilitando. Incluso el propio cerebro del adicto cambia con el tiempo. Podría decirse que un gobernante que lleva tres o cuatro años en el ejercicio del poder no es emocionalmente ni moralmente la misma persona que cuando comenzó su mandato. Pero el sujeto no suele ser consciente de esos cambios.

Esto podría no ser tan malo si no fuera porque la droga del poder político consiste en mandar sobre los demás ciudadanos, y controlarnos a todos. Ese poder es poder sobre nosotros. Poder para mangonearnos, explotarnos y aplastarnos, únicamente para satisfacción y gozo del poderoso al mando. El líder político importante obtiene placer mediante el simple hecho de mandar, sea para bien o para mal. Y, a más poder para el gobernante, mayor sumisión y menor libertad de los gobernados.

La adición al poder es en realidad una adicción al placer que produce la dopamina en combinación con otros neurotransmisores. Esa adicción es tan poderosa que llega a superar incluso la compulsión de instintos fuertemente arraigados en nosotros, como el instinto de conservación, el miedo, el hambre o el amor, y puede acabar controlando completamente la conducta del adicto.

En un famoso experimento realizado con ratones en 1953 en la Universidad McGill de Montreal, los investigadores Peter Milner y James Olds implantaron electrodos (por error) en los centros de placer del cerebro de los roedores y les proporcionaron un mecanismo que les permitía a estos estimularse eléctricamente pulsando un botón [9].

En esos experimentos los ratones desarrollaron una adicción al placer tan intensa que les llevaba a sofocar incluso los comportamientos instintivos más básicos. Se estimulaban constantemente olvidándose de comer y beber hasta quedar exhaustos y a punto morir de inanición; las madres se olvidaban de sus crías para pulsar el botón del placer y no se detenían ni aun si se les trataba de disuadir mediante descargas eléctricas dolorosas en los pies.

Los seres humanos no somos ratones y extender los comportamientos observados en los experimentos de Milner y Olds a las personas no tiene mucha base. Pero en los casos más serios de drogadicción, es decir, de adicción a la dopamina o a la cocaína, el adicto humano también pierde el control de sus actos y en casos graves llega a robar y hasta a matar para obtener su dosis de droga. Este es quizá el mayor problema social de la drogadicción.

La gran mayoría de los gobernantes que conocemos, aun siendo adictos al poder, normalmente no llegan a los extremos de los adictos a las drogas. Sin embargo, la Historia nos enseña que algunos han ido tan lejos como eso, incluso a matar y emprender guerras para obtener, conservar y aumentar el poder político impulsados por su adicción a la dopamina.

Si algo de lo afirmado suena exagerado, para mejor ponerlo en perspectiva valdría la pena recordar los crímenes de ETA, de declarada intención política, o los atentados del 11-M en Madrid o la lucha por el poder actualmente en marcha en Siria. Hoy en día sabemos que los atentados del 11-M no fueron operaciones de fundamentalistas islámicos, sino un acto político destinado a producir un cambio de gobierno. Muy probablemente hecho por españoles de hoy que no dudaron en recurrir a los medios más atroces e inhumanos para ganar poder político. Eso es el *hybris* en acción. De hecho, la historia de la Humanidad es una sucesión de movimientos violentos y trágicos provocados por la ambición de poder de sus líderes.

7. GUERRAS

La característica más negativa de la adicción al poder es la necesidad creciente de más poder. Si un líder político como Napoleón o Hitler se lanza a una guerra ofensiva que nadie más que él desea, lo hace para dar satisfacción a sus ansias de poder. Cuando dentro de su propia nación ya no puede aumentar más ese poder porque ya lo tiene todo, el máximo posible, entonces su adicción le lleva a concebir *la gloria* de acrecentarlo y elevar aún más su grandiosidad conquistando a otros pueblos. Es la *grandeur de la France* para Napoleón; es el imperio de 1000 años del III Reich de Hitler. Todo muy glorioso. Para totalitarios como ellos, el poder ya solo puede provenir de dominar también a otros pueblos. En último término, el horror de las guerras son manifestaciones extremas del mal de *hybris*. Cierto que la causa aparente de muchas guerras puede ser bastante diversa. Hubo guerras religiosas, otras por causas económicas, étnicas, etc., pero casi siempre iniciadas por líderes afectados gravemente por la enfermedad del poder. Solo estos disponen a la ligera de las vidas ajenas que van a destruirse en toda guerra, porque para el adicto al poder, las vidas de los demás carecen de valor o importan muy poco.

Las guerras en la actualidad nunca son causadas por la sociedad civil de las naciones agresoras, sino por sus políticos dominados por el *hybris*. El alemán de a pie no fue quien concibió el Anschluss (anexión de Austria a la

Alemania nazi), como tampoco fue responsable de la invasión a Polonia. Lo fueron Hitler y demás jerarcas nazis, con su política de dominio mundial y sus delirios de grandeza. Como bien dijo Carl von Clausewitz, "la guerra es la continuación de la política por otros medios". En efecto, la guerra es una forma de política a la cual se llega cuando la lucha por el poder político desborda los límites impuestos por las leyes y la moral. Para algunos políticos profesionales irresponsables, la guerra puede parecer deseable, pero en la actualidad ningún pueblo necesita guerras.

Los políticos no suelen morir en las guerras que declaran. La gente de a pie, sí. En ellas, *el pueblo siempre pierde*: sus campos y sus fábricas arrasados, vidas destrozadas, huérfanos, viudas, horror, las peores penurias, hambre, miseria, muerte. Esas son las consecuencias de la guerra para la gente común. Incluso para la población de la nación agresora. Las guerras napoleónicas causaron 1,5 millones de muertos franceses, para mayor gloria de Francia. El Reich de 1000 años soñado por Hitler le costó a Alemania 8,5 millones de muertos y la destrucción casi total del país. El mal de *hybris* puede llevar al afectado grave hasta la locura, porque, ¿cómo alguien en sus cabales puede desear algo así para su propia gente?

Está claro que Hitler no pensaba que sus sueños de grandeza le iban a costar tan caros a los alemanes. Esperaba ganar. Pero decisiones como aquella son típicas de los enfermos de hybris: Menospreciar los riesgos y los peligros, confundir sus sueños con la realidad, son consecuencias de la adicción extrema al poder. Es una especie de locura irresistible.

En la antigüedad, la guerra fue un modo de vida para muchos pueblos. La ganancia de riquezas, la captura de esclavos y los tributos que pagaban los pueblos vencidos aseguraban una vida holgada para los vencedores sin tener que pasar muchos trabajos para producir lo que necesitaban. Era la continuación de la ley de la selva imperante en la Naturaleza desde siempre, continuada en las sociedades humanas poco evolucionadas. Pero las agresiones bélicas en los últimos dos siglos ya no tienen tal justificación, porque ahora ya no se pueden tomar esclavos ni cobrar tributos a los pueblos vencidos, ni siquiera adueñarse de sus recursos naturales. La gran mayoría de las guerras recientes han sido provocadas para satisfacer el ansia insaciable de poder de jefes políticos o religiosos gravemente afectados por el mal de *hybris*.

Por supuesto, si una nación es atacada por un ejército enemigo no le queda más remedio que defenderse y entrar en guerra con el agresor. La guerra defensiva es inobjetable y bajo ataque enemigo está por demás justificado defenderse por todos los medios disponibles. Lo dicho más arriba se refiere a las guerras ofensivas, de conquista, las que desencadenan líderes mesiánicos con delirios de grandeza y hambre insaciable de poder.

8. PANDEMIAS MORTÍFERAS

Se ha estimado que la viruela ha sido la pandemia más letal de la historia, y que mató a unos 300 millones de personas a lo largo de los siglos. Se calcula que el sarampión mató a más de 200 millones. La gripe española de 1918 mató entre 50 y 100 millones; la peste negra, 75 millones; el VIH, 25 millones; la peste bubónica, 12 millones; y el tifus, 4 millones.

Las guerras napoleónicas causaron entre 3,5 y 6,5 millones de muertos, incluyendo los 1,5 millones de franceses; la Primera Guerra Mundial, de 10 a 31 millones; la segunda, de 70 a 83 millones [10]. El comunismo en Rusia, China y otros países, causó unos 100 millones de muertos a lo largo del siglo XX. Sumando estas cifras, incluidas las víctimas de las guerras de que se tiene noticia a lo largo de la Historia en Europa, Asia, África y América y aun teniendo en cuenta la imprecisión de las estimaciones, resulta que las guerras entre seres humanos han causado más de 500 millones de víctimas mortales. De esto se desprende que la enfermedad más letal conocida es la ambición de poder descontrolada: el mal de *hybris*. Más dañina que la peor pandemia.

La Humanidad ha hecho y sigue haciendo enormes esfuerzos por erradicar todas las enfermedades, especialmente las más mortíferas, pero no se está haciendo nada por acabar con la peor de ellas: la enfermedad del poder. Y en el mundo de hoy, dirigentes obviamente afectados por la adicción al poder como Vladímir Putin, Recep Tayyip Erdoğan, Kim Jong-un y unos cuantos más, en sus delirios de grandeza podrían llegar a desencadenar la III Guerra Mundial, aun si toda la Humanidad perece en ella. Es inquietante y quizá suicida que, en un mundo plagado de armas nucleares, los pueblos no tengan control sobre sus dirigentes políticos enfermos de *hybris*.

9. ADMINISTRADORES SÍ; LÍDERES, NO

Las poblaciones humanas, aunque no nos guste admitirlo, funcionan en buena medida como rebaños. Las multitudes tienden naturalmente al caos debido a que las variadas circunstancias e intereses de cada individuo apuntan por azar en diferentes direcciones, con frecuencia oponiéndose unos a otros. Por ello, la masa sin dirección no va muy lejos. Para alcanzar alguna meta colectiva deseable, parece que necesitamos que alguien nos ponga de acuerdo y nos oriente respecto a la dirección a seguir. Parece que necesitamos líderes. Pero si los líderes son malos, las dificultades están garantizadas. Es lo que nos ocurre a los españoles de hoy y ocurrió a nuestros ancestros durante siglos.

En las naciones modernas del mundo occidental las poblaciones gozan de un nivel de educación bastante alto y de comunicaciones de alcance global que permiten a cada persona comunicarse al instante con cualquier otra a cualquier distancia. La gente está hoy mucho más informada que hace solo unas pocas décadas, y todos podemos ponernos al tanto de las opiniones de otros y de formarnos opiniones propias sobre cualquier tema de interés.

Hoy tenemos la posibilidad de crear organizaciones multitudinarias a través de aportaciones de los miembros, sin necesidad de un líder. Mediante Internet y las redes sociales se pueden formar grupos de personas con intereses u opiniones afines, grupos que pueden llegar a tener millones de miembros. Ocurre todos los días. Por ello, en la actualidad la necesidad de líderes es mucho menor que en el pasado. Lo que en verdad necesitamos hoy, más que líderes, son buenos administradores de lo público. Es precisamente lo que los partidos políticos actuales no nos pueden proporcionar.

Los españoles no somos muy diferentes a nuestros vecinos. A pesar de nuestras peculiaridades y del *Spain is different*, somos más o menos como otros pueblos de nuestro entorno, a quienes les va bastante mejor. La razón de la diferencia es el liderazgo tan deficiente que hemos padecido los españoles a lo largo de la Historia, especialmente, en los últimos dos siglos. En tiempos pasados, la forma en que se organizaba el poder político hacía imposible que los ciudadanos pudieran dotarse de gobiernos dedicados a generar bienestar para ellos. Siempre han estado en manos de oligarquías cuya prioridad no era el progreso de los de abajo. Pero en las últimas dos décadas, los grandes progresos de la tecnología le han dado un vuelco a la situación y hoy es muy posible para los ciudadanos forzar sistemas de gobierno mucho más convenientes para todos, a pesar de la oposición de la clase dominante.

Lo que deberemos hacer, entre otras cosas, es desarrollar un sistema de selección que provea administradores tomados de entre los más aptos y no del montón o de los menos aptos, como ocurre actualmente. Sobre todo, es cuestión de organizar un mecanismo de selección que impida el ascenso al poder de personas incapaces o indeseables, como las que nos han gobernado en las últimas décadas.

Hasta ahora, el proceso de cambiar unos líderes por otros mediante las votaciones periódicas tradicionales no ha funcionado bien. Nos lleva a cambiar cada 4 años unos líderes malos por otros nuevos esperando que sean mejores y que luego resultan iguales o peores. La mayoría de los electores votan tratando de adivinar qué aspirantes les causarán menos problemas. El resultado suele ser frustrante.

En las últimas elecciones ha dominado lo que solemos llamar "el voto castigo", una y otra vez. No funciona. Cuarenta años de vigencia del actual sistema muestran que cambiar unos nombres por otros nuevos dentro del mismo régimen no sirve. Está harto demostrado que no sirve para el ciudadano de a pie. Ello debería llevar a gente inteligente a pensar que el problema no es de nombres, sino de sistema. Sea quien sea el que gobierne, con esta organización política nos irá mal. La clase de régimen político que padecemos nos lleva a poner todo el enorme poder del Estado en manos de personajes inadecuados, quienes invariablemente nos complicarán la vida a placer. Para superarlo tenemos que organizar la administración del Estado de otra manera.

Seguro que mucha gente piensa lo mismo. Pero ¿cómo cambiar? Esa es la gran cuestión. Cualquier cambio del calado del que necesitamos solo puede hacerse desde el poder. Y quienes poseen el poder no están por la labor porque son precisamente ellos los únicos beneficiarios de la situación actual, luego no cabe albergar esperanzas de que lleven a cabo tales cambios *motu proprio*. Resumiendo: los que pueden no quieren, y los que quieren no pueden.

Pareciese que no hay salida. Pero la hay y el objeto central de este ensayo y de los que seguirán es precisamente mostrar cómo organizar esa salida.

10. EL COMIENZO: LA CONSTITUCIÓN DE 1978

La deplorable situación de ciertos asuntos en nuestro país esbozada al principio de este ensayo es consecuencia de la organización política del Estado que se estableció en la Constitución de 1978, con cuyo texto se pretendió poner de acuerdo a las diferentes tendencias políticas dominantes a la muerte de Franco. El presidente del Gobierno por entonces era Carlos Arias Navarro y el poder legislativo estaba representado por las Cortes Españolas.

Dos días más tarde de la muerte de Franco, el 22/11/1975, fue proclamado Juan Carlos de Borbón como rey ante las Cortes y el Consejo del Reino. El nuevo rey forzó la dimisión de Arias Navarro para nombrar en su lugar a Adolfo Suárez, quien se encargaría de dirigir la transición a un régimen democrático, cosa que hizo negociando con los principales líderes de los partidos políticos.

El cambio de régimen se hizo ajustándose a la legislación vigente entonces mediante la redacción y aprobación por la Cortes franquistas de la *Ley Para la Reforma Política*, la cual fue sometida a referéndum y aprobada por el pueblo español el 15/12/1976 con un 94,17 % de votos a favor y una participación del 77 % del censo electoral. Esta ley, a pesar de ser elaborada por quienes ostentaban el poder en aquellos días, derogó el sistema político instituido por Franco y convocó las primeras elecciones democráticas desde la

Guerra Civil. Tanto la alta participación como el porcentaje de aprobación indican el estado de ánimo de la población y su apoyo decidido al cambio a un sistema democrático.

Nótese que, mediante Ley Para la Reforma Política, los *procuradores* que constituían las Cortes de aquel régimen renunciaron voluntariamente a su poder político para irse a sus casas y ceder el paso a otro sistema que suponían más conveniente para España. Algunos calificaron esta acción de *harakiri* político. Pero poco o nada se menciona en nuestros días ese acto de sacrificio personal en favor de la nación. Aquellos procuradores *fachas* demostraron con ello una nobleza y un patriotismo que no se ha vuelto a ver desde entonces en la política española.

Es digno de mención el hecho de que las Cortes franquistas, creadas mediante la Ley Constitutiva de las Cortes Españolas del 17 de julio de 1942, eran un organismo unicameral cuya composición, definida en el artículo segundo, incluía solo una pequeña parte de políticos profesionales, que eran los ministros y los representantes del único partido aceptado por el régimen, la Falange. Quizá también lo eran algunos alcaldes de las 50 capitales de provincia, pero la gran mayoría de procuradores eran representantes de la sociedad civil, como los rectores de universidades, los presidentes de las reales academias, los representantes de los colegios profesionales de ingenieros, de médicos, de abogados, de farmacéuticos, de veterinarios etc., representantes sindicales, representantes de los cabezas de familia, representantes de municipios y algunos otros.

En aquellas Cortes, aunque los procuradores seguramente tenían cada uno sus inclinaciones políticas, la gran mayoría no eran políticos profesionales como son los de hoy en su casi totalidad. De haberlo sido, parece dudoso que aceptasen renunciar a sus privilegios como lo hicieron, considerando el hambre de poder y la tendencia a atornillarse al cargo que muestran los de ahora.

Las elecciones previstas en aquella ley para la reforma se celebraron el 15/06/1977 y fueron ganadas por la Unión de Centro Democrático (UCD), el partido liderado por Adolfo Suárez, y las Cortes resultantes de esa elección fueron las encargadas de redactar la nueva Constitución que habría de reglar la vida española en los años por venir, de la cual se derivan nuestros problemas políticos actuales.

El debate en las Cortes sobre la futura Constitución estuvo plagado de frecuentes desavenencias. El gobierno de Suárez propuso elaborar un borrador como base de discusión, pero la oposición (PSOE, Partido Comunista, Alianza Popular) lo rechazaron. Se formó una Comisión de Asuntos Constitucionales y Libertades Públicas, la cual nombró una subcomisión de siete miembros, conocidos hoy como los **Padres de la Constitución**, que fueron Gabriel Cisneros Laborda, Miguel Herrero y Rodríguez de Miñón y José Pedro Pérez-Llorca Rodrigo, los tres del partido gobernante UCD; por los demás partidos fueron, Gregorio Peces-Barba Martínez (PSOE), Jordi Solé Tura (PCE), Manuel Fraga Iribarne (Alianza Popular) y Miquel Roca i Junyent (Minoría Catalana).

En teoría, estas personas serían las encargadas de redactar el anteproyecto de Constitución. En teoría, porque en la práctica su anteproyecto fue objeto de más de 1000 enmiendas y 168 votos particulares en el Congreso, reflejo de los numerosos desacuerdos entre los partidos, poco dispuestos a ceder en sus aspiraciones. Todos los partidos querían una constitución a su conveniencia y actuaron abiertamente como participantes en una piñata.

En el proceso de negociación hubo renuncias de unos en protesta por las imposiciones de otros y chantajes varios. Los enfrentamientos llegaron a tal punto, que el articulado no pudo ser acordado en el Congreso. Al final el texto constitucional fue negociado no ya a la luz pública en el Congreso, sino en secreto en lugares privados y en cenas de restaurante en lo que se dio en llamar los "*Pactos del Mantel*" [11].

El texto definitivo resultante lo negociaron y acordaron personalmente Fernando Abril Martorell (UCD) y Alfonso Guerra (PSOE), ninguno de los cuales formaba parte de los Padres de la Constitución. A los demás se les impuso lo acordado por estos mediante la disciplina partidista, y al pueblo se le vendió mediante una hábil campaña promocional.

Durante la negociación provocaron polémicas virulentas el título VIII, referente a la ordenación territorial en el que se crean las Comunidades Autónomas (Art. 137) y muy principalmente la inclusión del término *nacionalidades,* en el artículo 2:

Art 2: La Constitución se fundamenta en la indisoluble unidad de la Nación española, patria común e indivisible de todos los españoles, y reconoce y garantiza el derecho a la autonomía de las *nacionalidades* y regiones que la integran y la solidaridad entre todas ellas.

La Constitución refleja los intereses de quienes la redactaron y de sus partidos (UCD y PSOE), en buena parte condicionados por la intensa presión de la Minoría Catalana y el PNV. Crearon 17 comunidades autónomas con la excusa de acercar los centros de decisión política al ciudadano para así servirles mejor, pero ese argumento difícilmente justifica la creación de 17 poderes legislativos distintos con capacidad ilimitada para legislar sobre todo aquello que no estuviese reservado para el Estado. Resulta harto dudoso que la promulgación de leyes distintas en las 17 comunidades autónomas (propósito obvio de los parlamentos regionales) pudiese redundar en un mejor servicio a los ciudadanos.

No es creíble que aquellos políticos de entonces no se dieran cuenta de lo que estaban haciendo. No es creíble que ni los Padres de la Constitución ni los diputados ni las cúpulas de los partidos se diesen cuenta de que estaban creando 17 miniestados con barreras legales entre ellos que necesariamente habrían de dificultar el comercio y de crear tendencia a la desintegración del país.

E curioso y revelador que las mayores objeciones a esta redacción provinieran de Manuel Fraga, portavoz de Alianza Popular, exministro de Franco y el más facha de los Padres de la Constitución, quien declaró que **"La referencia a 'nacionalidades' no la entendemos compatible con la unidad de la Nación"** y alertó de que entrañaba "...*graves* *peligros para la unidad de España"* [12]. Es obvio que el paso del tiempo le dio la razón.

Los actuales conflictos entre comunidades, como la guerra del agua y los trasvases, los privilegios de unas y el marginamiento de otras son la consecuencia inevitable de aquellas decisiones que iban directamente en contra de la unión y cohesión entre los españoles. Todos cerraron los ojos ante esos evidentes riesgos cediendo a los intereses del PNV y la *Minoría Catalana,* cuyos representantes en el Congreso querían a toda costa definir España como una Nación de Naciones y reflejarlo así en la Constitución. Querían incluir *"naciones"* en el Art. 2 en lugar de nacionalidades, con todo lo que la palabra *nación* lleva implícito en términos de soberanía.

El término *nacionalidades* del Art. 2 es lo que resultó como compromiso entre quienes defendían la unidad de España y quienes, disimulándolo bien, estaban ya entonces sentando las bases de lo que serían los movimientos separatistas actuales. No se puede aceptar que no se daban cuenta de las consecuencias tan negativas que acarrearía la creación de 17 miniestados *con soberanía legislativa*, es decir, con capacidad para dictar las leyes que habrían de regular la vida en cada comunidad autónoma. Para todos debería ser evidente que la futura divergencia legislativa entre comunidades sería inevitable. No les importó, o quizá es lo que pretendían.

Varias constituciones de países vecinos como Alemania, Portugal o Francia prohíben la existencia de partidos políticos cuya actividad ponga en peligro la integridad del territorio nacional. Parece una precaución elemental para preservar la unidad de la nación, pero ella no se incluyó en la Constitución española. ¿Es que sus señorías Guerra y Abril se olvidaron de añadirla al texto o acaso fue un olvido intencional? Si además esta omisión se da en un texto en el que se establecen las comunidades autónomas con parlamento propio, es difícil no sospechar que esa redacción respondió a una oculta y nefasta intención: que la Constitución fuese la primera piedra de un plan a largo plazo para despedazar España. Pero pasó desapercibido en medio del *fervor* democrático de aquellos días y si algunos se dieron cuenta, miraron para otro lado. Así hoy tenemos partidos regionales cuyo objetivo declarado es la independencia de sus comunidades autónomas y que abiertamente se aplican a ese propósito. ¡Y hasta son financiados a través del presupuesto del Estado porque la suya es una actividad política legal!

Uno de los personajes más intransigentes en la pugna por la inclusión del término **naciones** en la Constitución fue el diputado Jordi Pujol, quien más tarde sería el *molt honorable* president de la Generalitat catalana durante más de dos décadas y en cuyo ejercicio se hizo multimillonario a base de mordidas del 3 % [13], que *molt honorablement* ocultó en cuentas bancarias andorranas. El mismo Jordi Pujol que antes había provocado la quiebra fraudulenta de la Banca Catalana

(14) que arruinó a muchas familias de aquella región y el mismo Jordi Pujol que ahora algunos consideran como el Padre de la Patria Catalana porque ideó el plan detallado para el logro de su independencia. Todo un paradigma del político *democrático* de la nueva democracia española, que hasta llegó a ser declarado ***Español del Año***.

El plan de Pujol para la independencia de Cataluña fue publicado en *El Periódico de Cataluña* tan temprano como el 28 de octubre de 1990 (15), sin que el Gobierno central moviese un dedo para atajarlo ni entonces ni posteriormente cuando aquella hoja de ruta se fue desarrollando al pie de la letra año tras año.

Ahora, en perspectiva, parece obvia la razón del empeño de catalanes y vascos en introducir las comunidades autónomas en la Constitución. Nadie en España, salvo ellos, demandaba la división del país en comunidades autónomas. Esos organismos no resolvían ningún problema que los españoles pudieran tener entonces y **nadie de la sociedad civil las reclamaba**. No había un clamor social pidiendo tal cosa. Fue un invento de unos cuantos políticos.

Hoy aquella operación luce como un primer paso de una estrategia de largo alcance cuyo fin último era ya entonces el desguace de España. Pareciese que tenían planes posiblemente pergeñados desde tiempo atrás y que se mantuvieron en espera de la muerte de Franco para colárselo a los españoles. Y los partidos no separatistas o no vieron el peligro o desecharon cualquier objeción al percatarse de las grandes ventajas que para ellos tenía el poder enchufar en esas 17 comunidades a ejércitos de adeptos incondicionales que habrían de multiplicar su poder político y económico.

La Constitución fue obra de políticos, para políticos y hecha a la medida de su conveniencia. Todo un cheque en blanco que aquellos señores se dieron a sí mismos para saciar el hambre de poder que habían acumulado durante los 40 años en que la dictadura los mantuvo a raya. Un cheque en blanco para ejercer el poder sin responsabilidades y sin control alguno por parte de la población. No hay en ese texto ni un solo artículo que suponga algún grado de control de la población civil sobre las actividades del Gobierno o del Congreso, ni una sola línea que salvaguarde los derechos individuales frente a los abusos de poder del Estado. Por el contrario, les otorga a los políticos la facultad de hacer y deshacer a su antojo en todo lo que les venga en gana, sin que la población pueda ni rechistar.

11. ALGUNAS CONSECUENCIAS DE LA CONSTITUCIÓN:

1.ª Elevado coste

El aumento del número de políticos enganchados al presupuesto que trajo la nueva estructura política diseñada en la Constitución fue espectacular. Al final del régimen de Franco el número de empleados públicos era de 800.000. En la actualidad es de alrededor de 2,58 millones según unas estimaciones y de 3,3 millones según otras. La creación de las comunidades autónomas supuso cargar sobre los contribuyentes el costo de alrededor de 2 millones de empleos públicos adicionales. Empleos innecesarios, porque en 1978 el país marchaba muy bien sin ellos. Los servicios que recibe hoy la población son los mismos que recibía entonces, hoy no son más ni mejores y, aunque la población es ahora algo mayor, por lo que se necesitan más médicos, más maestros y más policías, ese necesario aumento de personal se compensa total o parcialmente con la reducción derivada de la digitalización y automatización de muchos servicios.

¿Imagina el lector cuánto le cuesta el sostenimiento de todo ese personal adicional innecesario? Hagamos una estimación muy por encima: 2 millones de empleados públicos con un salario promedio mensual de 2000 € y 14 pagas anuales salen en 2.000,000 x 2000 x 14 = 56.000.000.000 euros. Sí, eso es, 56.000 millones de euros al año. Si tenemos 13 millones de trabajadores en el sector privado, cada uno debe aportar al estado unos 4.300 € anuales o unos 360 € mensuales solo para sostener esa carga *innecesaria* e *inútil*. Bueno, esta es una estimación muy burda y la cifra real puede ser bastante menor o bastante mayor. Solo pretende señalar que cuesta mucho y que el contribuyente tiene que pagarla.

2.ª Hipertrofia legislativa

Aparte de su costo, otra consecuencia de aquella Constitución es que esos nuevos funcionarios, al tener capacidad normativa, con frecuencia conciben nuevas leyes, normas, prohibiciones, obligaciones y controles que luego imponen sobre los ciudadanos. Ello ha generado una hipertrofia legislativa más allá de todo límite razonable que supone una patología político-social grave por sus consecuencias sobre el bienestar de la población y sus posibilidades de desarrollo.

Todas esas leyes, regulaciones, demandas y exigencias que la clase política le hace a la ciudadanía año tras año van mermando nuestros derechos y libertades. Literalmente, constituyen una camisa de fuerza que constriñe la economía productiva, la libertad y los derechos de todos los ciudadanos.

Veamos en algo de detalle el tamaño de la fronda regulatoria de un año, como ejemplo: en el 2014 las Administraciones Públicas produjeron cerca de un millón de páginas de normas, regulaciones y leyes [16], unas 170.000 en el BOE del Estado central y más de 810.000 por parte de las autonomías. La legislación de una autonomía afecta solo a los residentes en ella y no a los de otras, pero aun así cada ciudadano se enfrenta a la necesidad de conocer el contenido de más de 220.000 páginas de legislación *nueva* cada año. Una empresa privada que opere en todo el país se ve en la necesidad de cumplir con casi un millón de páginas de normas nuevas.

Es imposible para cada ciudadano y cada empresa estar al día y satisfacer esa montaña de nuevas regulaciones cada año. ¿Quién puede leer semejante cantidad de páginas, aunque no haga otra cosa durante las 24 horas del día? Y esto es solo la legislación adicional de un año, el 2014, la cual se acumuló sobre la ya ingente normativa de años anteriores y a la que se añadirá la de los años siguientes.

Y agréguele Ud. la norma de que *La ignorancia de las leyes no excusa de su cumplimiento* (Art. 6 del Código Civil), es decir, que tenemos la obligación de conocer todas esas leyes que nos afectan. ¿Es que nuestros políticos pretenden en serio que los españoles aprendamos centenares de miles de páginas de legislación nueva cada año? Porque ¿cómo vamos a cumplir todas esas leyes si no las conocemos por incapacidad para leerlas todas? Y si nuestros políticos son conscientes de la imposibilidad de tal empeño, ¿por qué razón nos apabullan con esa cantidad de normas incumplibles? Tal parece que nuestros legisladores han perdido el juicio, pero la explicación posiblemente sea esta otra: que les importa una higa cuánto compliquen la vida de los ciudadanos.

3.ª Dificultades para formar Gobierno

Tras las elecciones generales de 2016, hemos asistido en España a un penoso espectáculo organizado por nuestros representantes políticos en el que se puso de relieve, en primer lugar, el hambre de poder de los líderes de los principales partidos; en segundo lugar, el desprecio de estos por los problemas de los ciudadanos, cuyo bienestar debería ser su principal preocupación; y en tercer lugar, el ovejuno sometimiento de los personajes importantes de cada partido a sus jefes, demostrando su falta de principios y el excesivo aprecio por los cargos, grandes o pequeños, que desempeñan.

El resultado de las elecciones generales anteriores, las del 20/12/2015, obligaba a los partidos a formar un gobierno de coalición porque ninguno de ellos mereció la confianza suficiente para gobernar en solitario. Pero nuestros líderes fueron incapaces de llegar a los acuerdos necesarios debido a sus desmedidas ansias de poder personal y de protagonismo, a su falta de compromiso con sus electores y, en el caso del PSOE, también a una ideologización rayana en lo irracional. Ninguno estuvo dispuesto a sacrificar nada por el bienestar del país ni a ceder un ápice en sus posiciones. No actuaron como verdaderos políticos. No negociaron para llegar a acuerdos beneficiosos para todos, como ocurre en situaciones similares en otros países.

Aquella elección de 2015 fue un fracaso y llevó a otras elecciones generales pocos meses después, el 26/06/2016, con los mismos candidatos y las mismas ofertas electorales y, como era de esperar, con resultados similares. Nadie cedía por el bien de la Nación y dejaron bien sentado que nuestros políticos están en otra cosa, que tiene muy poco que ver con el progreso de España y el bienestar de su gente.

Durante todo este proceso de intentos de acuerdo para formar gobierno, la vida entera de la nación giró en torno a los intereses de los dirigentes políticos. Como de costumbre, aunque en esta ocasión, bastante más, los titulares de prensa se dedicaron durante meses casi exclusivamente a la actividad política, a lo que unos proponen y los otros rechazan, a los vetos de unos contra otros y a los rifirrafes consiguientes, adornados con frecuencia con descalificaciones e insultos.

Para nuestra prensa tal parece que en el país no existen otras actividades ni intereses destacables fuera de la política. Esta ha invadido todos los ámbitos de nuestra vida social forzándonos a todos a bailar al son que les gusta a los políticos.

4.ª Ausencia de control ciudadano

Aparte de la creación de las CC. AA y su ingente maraña legislativa, otro de los varios problemas de la Constitución es la definición de España como una monarquía constitucional que la consagra como una partidocracia en la que todos los órganos políticos importantes están en poder de los partidos, sin el más mínimo control posible por parte de la ciudadanía. Como se dijo antes, esa Constitución es un cheque en blanco a los partidos para que hagan y deshagan a su antojo con total ausencia de control sobre la labor de gobiernos y legisladores por parte la población civil.

Un dato revelador del talante democrático que imperaba en el Congreso en las fechas en que se redactó la Constitución es que durante la discusión de su articulado, ante la proposición de Fraga Iribarne de instituir el referendo vinculante para los asuntos de mayor trascendencia, otro de los Padres de la Constitución se opuso argumentando que lo que más necesitaba España en aquel momento eran partidos fuertes y no mecanismos de participación ciudadana directa. Sus señorías, por supuesto, estuvieron de acuerdo con esto último, lo que motivó la queja de Fraga: *"instituciones claves de democracia semidirecta, como el voto popular y el referéndum"* habían quedado *"inoportuna e indebidamente recortadas"* en la redacción final. Y así hoy tenemos partidos, más que fuertes, todopoderosos, y una ciudadanía sometida que no tiene pito que tocar en asuntos que le conciernen.

El referéndum acabó incorporándose a la Constitución, ciertamente, en el Art. 92, pero solo con carácter **consultivo**, lo que lo convierte en irrelevante. Como si no estuviera. El referéndum lo convoca el Rey a proposición del Congreso o del Consejo de Ministros, pero los ciudadanos no podemos convocarlo y aunque pudiéramos, el resultado sería como un brindis al Sol. El referéndum de nuestra Constitución no es sino otra pose más para aparentar democracia a costo cero para el político. Así, un gobernante o legislador puede usarlo para que la ciudadanía le apoye iniciativas problemáticas y exhibirse ante el mundo como gran demócrata y, si el resultado es adverso, ignorarlo por completo, pues ese resultado no le obliga a nada. El referendo es solo una consulta, a ver qué opina el pueblo, por curiosidad, pero sin mayor transcendencia.

En compensación, el Art. 87.3 establece la Iniciativa Legislativa Popular, según la cual los ciudadanos pueden proponer leyes de interés público que los partidos hayan desatendido. Esa iniciativa está regulada por la Ley N.º 3 Orgánica de 1984 en la que el talante democrático de nuestros políticos ha quedado fielmente retratado. Esa ley no implica que los ciudadanos del pueblo soberano puedan legislar sobre nada. La Iniciativa es solo para introducir una Proposición de Ley en el Congreso para consideración de sus señorías. Los 15 artículos de esa ley enumeran y regulan los exigentes requisitos que deben cumplirse para que la iniciativa sea aceptada en la mesa del Congreso, y si se acepta, la ley le da a este un plazo de 6 meses para *considerarla*. Pero no contiene ningún artículo que garantice la aprobación total o parcial de la proposición.

Los proponentes de la Iniciativa han de someterse a un trabajo costoso, extenso y difícil, y enfrentarse al boicot de los propios partidos para reunir el medio millón de firmas solo para *poder solicitarle* a sus Señorías que, por favor, accedan a considerar su Proposición de Ley. Por supuesto, el Congreso podría rechazar dicha proposición y hasta no considerarla como manda la Constitución, y no pasa nada porque no hay previsto ningún mecanismo que obligue de manera efectiva al presidente del Congreso a incluirla en el orden del día.

Ante la reiterada conculcación en algunas CC. AA del derecho ciudadano de que los niños reciban su educación en las escuelas públicas en la lengua materna, la Asociación Hablemos Español organizó en 2018 una Iniciativa Legislativa Popular para llevar al Congreso su *Proposición de Ley de Libertad de Elección Lingüística*. Tras un gran esfuerzo logró reunir las 500.000 firmas cumpliendo todos los requisitos y las entregó en la Oficina del Censo Electoral, como manda la ley, el 12/11/2018. Han pasado 7 meses y no se ha vuelto a saber nada de ella. Y no pasa nada.

Una de las características básicas de la democracia es el respeto que los gobernantes y legisladores han de tener hacia los ciudadanos. Hechos como el expuesto demuestran que, en España, ese respeto no existe.

La participación ciudadana, piedra angular de una verdadera democracia, nunca recibió el apoyo de aquellos a los que se atribuye la creación de nuestra democracia actual. A ellos se les supone un idealismo, unas buenas intenciones y unas convicciones democráticas que hoy resultan harto dudosas por la perversión de sistema que nos legaron como marco político y que ya contenía desde un principio las semillas de nuestros males actuales. Idealismo y buenas intenciones las demostraron únicamente los procuradores de las Cortes franquistas cuando renunciaron a su poder para permitir el advenimiento de la democracia, no quienes apañaron este sucedáneo que padecemos y que beneficia solo a los políticos y sus partidos.

5.ª Partidocracia

La definición de España como Monarquía parlamentaria (Art. 1.3 de la Constitución) ya implica una serie de problemas: en este sistema el pueblo no elige a sus gobernantes. Lo hacen los partidos. Una primera dificultad es que conduce a la formación de gobiernos débiles e inestables.

Tras unas elecciones, si ningún partido obtiene mayoría absoluta se tiene que formar gobierno mediante negociaciones entre ellos, de lo que resultan gobiernos débiles e hipotecados, sometidos al chantaje permanente de partidos pequeños cuyo propósito es, no pocas veces, contrario a los legítimos intereses de la mayoría de los españoles. En el panorama político actual (2019), lo que se prevé cara al futuro es un período de incertidumbre e inestabilidad y que nos vamos a ver sometidos a una casi permanente campaña electoral, con relativa parálisis de la actividad económica.

Quizá la peor consecuencia de nuestro estilo de democracia es la de cómo se ejerce el poder político. La Constitución, en su artículo 1.2, dice:

"La soberanía nacional reside en el pueblo español, del que emanan los poderes del Estado"

Según el diccionario de la RAE, soberanía es calidad de soberano y soberano es quien "ejerce o posee la autoridad suprema e independiente", lo cual implica que soberano es el que ejerce el mando de hecho y de derecho y que no tiene superior

Según esto, nada en España, ni las Cortes, ni el Gobierno ni el Rey están por encima del pueblo, puesto que si el pueblo es soberano no tiene superior. Ni siquiera el propio Estado, ya que sus poderes *emanan* del pueblo. Este artículo fue una graciosa concesión de la clase política al pueblo español, pero se cuidaron bien de no dar a ese pueblo ningún instrumento que le permitiese ejercer esa soberanía de manera efectiva y real.

Pues, aunque eso diga la Constitución, ¿tiene de hecho el pueblo español la capacidad de imponer su voluntad "soberanamente" en todos los asuntos que le conciernen dentro del territorio nacional? Personalmente, como integrante de ese pueblo, no me siento soberano en absoluto. Un Estado cuyos poderes emanan del pueblo soberano le dice a ese mismo pueblo lo que tiene que hacer y cuándo lo tiene que hacer, le obliga, le prohíbe, le quita la mayor parte del fruto de su trabajo, abusa de él, le multa, le ofende, le irrita, le escandaliza, le machaca. Si hay algo ciertamente ayuno de soberanía, eso es el pueblo español. Ante esta realidad, el artículo 1.2 de la Constitución no es sino una tomadura de pelo por parte de los políticos al resto de los españoles.

El artículo 1.2 está ahí porque el consenso generalizado en el mundo de hoy tras la revolución norteamericana de 1765-1783 ya no se admite que alguien sea soberano de un pueblo por derecho divino o por razón de la fuerza o por alguna otra razón que no sea la aquiescencia de los ciudadanos. La soberanía del pueblo se ve bien y la democracia es el único sistema de gobierno que se considera aceptable y legítimo. Si a los españoles de a pie se nos dice que somos soberanos y que vivimos en una democracia, ello nos sienta bien y quedamos satisfechos y conformes porque encaja en los esquemas mentales que tenemos. Pero ello no corresponde a la realidad que vivimos.

No corresponde porque el pueblo de hecho no es soberano en absoluto. Entonces, ¿quién en realidad goza de soberanía en España? ¿Será el rey, quizá? Bueno, por siglos "rey" fue sinónimo de "soberano", pero esto ya no parece válido hoy en día en países como el nuestro, en los que el rey se mantiene casi como figura decorativa con facultades limitadísimas. Ciertamente, en la España de hoy el Rey tampoco es soberano.

Y si el rey no es soberano y el pueblo tampoco, a pesar de lo que dice la Constitución, ¿entonces quién lo es?

6.ª Dictadura *de facto*

El pueblo español está constituido por alrededor de 46 millones de personas, y este simple número hace imposible que todos podamos ejercer nuestra soberanía al mismo tiempo de manera presencial. Tal dificultad física nos obliga a delegar nuestra soberanía en un pequeño número de representantes selectos que, en teoría, la ejercerán en nuestro nombre. Esto solo tiene sentido si nuestros delegados la ejercen para nuestro provecho pues, ¿por qué habríamos de cederle nuestra soberanía a alguien si no es para nuestro beneficio?

Parece que no nos queda más remedio que ser soberanos a control remoto a través de delegados, por imposibilidad física de cualquier alternativa. Es el estupendo invento de la *Democracia Representativa*. En apariencia no existe mejor opción.

El principal defecto de este sistema es que funciona a través de grupos de personas, líderes o representantes del pueblo, en quienes se deposita un poder excesivo. Ese poder acaba siempre empleado en contra de los representados debido a que la creciente apetencia de más poder de los mandantes conduce a controlar y someter más y más a los representados. Inevitablemente, más poder para el líder implica mayor sometimiento del ciudadano, el cual finalmente acaba perdiendo la capacidad de influir en los asuntos públicos que le afectan.

Los representantes, una vez al timón del todopoderoso Estado, no están ya sometidos a ningún control externo porque no hay ningún órgano de jerarquía superior que los limite y su conducta se modera únicamente por los frenos morales que puedan tener, ya que incluso pueden modificar a su antojo las propias leyes que delimitan sus atribuciones.

Lo normal es que los representantes suelen olvidarse pronto de que son delegados nuestros, de que están a nuestro servicio y de que el poder que se les dio deben ejercerlo para beneficio nuestro. En lugar de esto, vemos a diario que sus esfuerzos se concentran en conservar y acrecentar ese su poder personal que les dimos, usando para ello los cuantiosos recursos que el propio cargo pone a su alcance. En la práctica usurpan la soberanía del pueblo para ejercerla en su exclusivo provecho personal y, para más escarnio, frecuentemente en contra de los intereses de la gente a la que representan y deberían servir.

De todos modos, la gran mayoría de los representantes en un sistema político como el nuestro tampoco pueden ejercer cabalmente la soberanía que les delegamos. Examinando este aspecto, lo primero que salta a la vista es que los representantes del pueblo son, sin excepción, miembros de partidos políticos. Y una regla de oro de estas organizaciones en España y otros países es la disciplina partidista. En cualquier asunto de mucho o poco interés, lo que diga, lo que proponga y lo que vote nuestro representante tiene que ajustarse a esta disciplina, al margen de los intereses de los representados.

Resulta así que el investido de soberanía por delegación del pueblo no puede usar su cabal saber y entender para determinar cuál es el interés o la voluntad de sus representados y actuar en consecuencia. De hecho, tampoco tiene soberanía. Por el contrario, todas sus actuaciones le vienen dictadas desde *arriba* y, si en algún caso un diputado o senador sufriera un ataque de conciencia de su deber y se desviase de la línea decidida por la dirección del partido, su carrera política quedará arruinada. Su función es hablar como le ordenan, proponer y/o respaldar las proposiciones tal como le ordenan y votar como le mandan. Así que quienes deberían ejercer nuestra delegada soberanía tampoco son soberanos. Son casi tan mandados, limitados y maniatados como cualquier ciudadano corriente.

Al final resulta que quien realmente es soberano es el líder del partido que haya ganado las últimas elecciones, especialmente si ganó por mayoría absoluta. La organización interna de los partidos políticos, que según la Constitución (Art. 6) debe ser democrática, es, por el contrario, y con muy pocas excepciones, si es que hay alguna, una estructura jerárquica en la cual el líder ejerce una dictadura interna *de facto*, expresada con meridiana claridad mediante el cínico y burlón dicho de que *"el que se mueva no sale en la foto"*.

No es cierto que el pueblo soberano delegue su soberanía en ciertas personas de su elección. Lo que el sistema le concede al ciudadano es la opción de votar por tal o cual partido mediante listas cerradas compuestas muchas veces por personas desconocidas para él.

Es el líder del partido, quizá con algún apoyo de los dirigentes de primera o segunda fila, quien decide el orden de los nombres en las listas de candidatos y, por lo tanto, la probabilidad de que salgan o no electos en las votaciones.

Tras una elección, quienes hayan conseguido un escaño o una concejalía tienen muy claro a quién se lo deben. Y también tienen muy claro dónde han de poner su lealtad si quieren repetir en la próxima legislatura. No deben su cargo al elector, sino al líder del partido. En consecuencia, ellos no van a ejercer sus funciones como representantes de los ciudadanos, sino como lacayos del jefe, ya que es este quien decide su futuro. Podría no ser así en el caso de personas de gran entereza moral, capaces de resistirse a las imposiciones del partido cuando sean contrarias a sus convicciones, pero esas personas tienen escasa oportunidad de salir en las listas de candidatos en posiciones ganadoras, pues la condición indispensable para ir en tales posiciones es la lealtad incondicional al jefe, no la solidez moral.

El resultado final del proceso de selección de representantes establecido en la ley electoral y en la Constitución es que nuestra soberanía recae y se concentra en una sola persona a la que no hemos elegido: el líder del partido ganador. Las muy diversas opiniones, necesidades, voluntades y querencias de los millones de votantes desaparecen para ser sustituidas por los intereses personales del gran jefe del partido.

A diferencia de los mandos de menor jerarquía, este jefe no le debe el cargo a nadie. Se lo debe solo a su propia habilidad para hacerse con el poder dentro del partido. Este sí que es el verdadero soberano que lo decide todo a su antojo y no le tiene que rendir cuentas a nadie.

Para la galería podrá decir que, como líder, lo han elegido sus compañeros de partido, pero para aceptar tal argumento tendríamos que olvidar que esos compañeros han sido puestos en sus cargos por ese mismo jefe. Es una rosca perfecta. El de arriba nombra a dedo a los del medio y estos eligen al de arriba. Los de abajo en el partido no pintan nada y los electores, menos.

Este sistema funciona como un embudo que concentra todo el poder político en un solo personaje que lo ejercerá arbitrariamente más o menos como lo hacían los reyes absolutistas de siglos pasados. Así funcionó con Felipe González, con Aznar, con Zapatero, con Rajoy y ahora con Sánchez. El poder que tenía Mariano Rajoy con mayoría absoluta en ambas cámaras y con casi la totalidad de las CC. AA en manos de su partido, ¿tenía acaso menos poder del que tuvo Franco? ¿Cómo que vivimos en una democracia? ¿Dónde está el gobierno del pueblo?

Para mantenernos contentos y conformes se nos dice frecuentemente, por medio de la prensa y la televisión, que vivimos en un régimen democrático y en un estado de derecho. Pero ninguna de las dos cosas es cierta. El sistema tiene ciertos rasgos de lo que solemos entender por democracia, como las elecciones cada 4 años. Pero, en primer lugar, en esas votaciones no elegimos. Solo le damos nuestros votos a un partido cuyo jefe los usará como cosa de su propiedad personal y comerciará con ellos a su mayor conveniencia. En segundo lugar, aun si las votaciones fuesen realmente elecciones, eso sería solo un aspecto de la democracia y no precisamente el más importante.

Si el gobierno fuese *del pueblo por el pueblo y para el pueblo*, como decía Abraham Lincoln del sistema americano, es decir, una verdadera democracia, tendríamos una situación bien distinta. Habría separación de poderes: el poder legislativo estaría en permanente vigilancia limitando los abusos del ejecutivo y no estarían ambos poderes en manos del mismo equipo de gente; el poder judicial sería también independiente de los otros dos y los jueces estarían en condiciones de imponer la ley a todos por igual, tanto a la gente de a pie como a legisladores y gobernantes, pues no le deberían su cargo a estos. El sistema se regiría por leyes, no por los intereses particulares de unos pocos.

Lo que tenemos no es eso. El partido ganador en una votación, sobre todo si gana por mayoría absoluta, es el que pone a su líder como jefe de Gobierno, pero, a la vez, este líder seguirá siendo también el mandamás de la bancada mayoritaria en el Congreso de los Diputados y en el Senado, y en consecuencia es esta misma persona quien determina lo que el Congreso ha de aprobar o rechazar imponiendo la disciplina partidista.

Por si fuera poco, el Congreso es quien nombra los jueces de los principales tribunales y los integrantes del Consejo General del Poder Judicial. Esto es: en la práctica, los tres poderes del Estado están en manos una sola persona: el jefe del partido mayoritario. De hecho, este sistema "democrático" funciona como cualquier dictadura tradicional, en la que una sola persona lo decide todo y podría decir con toda propiedad como Luis XIV que *"el Estado soy yo"*. Es el absolutismo del siglo XXI. Más o menos como aquel del siglo XVII francés, pero sin Ilustración.

Nos dicen que vivimos en democracia porque esta forma de gobierno tiene prestigio y se le supone la mayor legitimidad. Se le atribuye ser el sistema de gobierno menos malo que se haya inventado. Y como han logrado convencernos de que vivimos en democracia, estamos muy conformes y satisfechos.

Otros países desarrollados disfrutan de sistemas bastante más próximos al ideal democrático pero el nuestro, lamentablemente, está bastante lejos de ello. Así, en los países en los que la elección de representantes es uninominal, en los procesos electorales cada candidato debe hacer campaña personalmente ante sus electores y comprometerse con ellos en los asuntos que les importan y luego debe rendirles cuentas. Un sistema tal se acerca bastante más a una democracia representativa que el nuestro, porque los representantes están comprometidos con sus electores, no con el jefe del partido. La disciplina partidista en esos países tiene poca influencia y los asuntos públicos se deciden de acuerdo a los intereses de la gente en mayor medida que entre nosotros.

Esto es lo que tenemos y seguiremos teniendo a menos que le demos un vuelco desde la Sociedad Civil, echando del poder a los *partidócratas* y organizando una verdadera democracia. Los políticos profesionales nunca lo harán porque se les acabaría su magnífico negocio, pero nosotros, la gente corriente, hoy estamos en capacidad de hacerlo utilizando los medios que la moderna tecnología de las comunicaciones pone a nuestro alcance. Y es lo que nos conviene hacer, pues a juzgar por el camino que llevan, si les dejamos, estos partidos acabarán destrozando nuestra nación y empeorando seriamente nuestras condiciones de vida.

7.ª El paraíso de los políticos

Nuestros políticos han elaborado una constitución a la medida de sus aspiraciones que, con el correr de los años, ha configurado el país que tenemos hoy. Una especie de paraíso para ellos. 45 millones de españoles sometidos a la voluntad de algo menos de medio millón de políticos. Aquí nada se mueve ni puede progresar si no tiene el visto bueno de los que están al mando.

Si un observador extraterrestre examinara las condiciones de vida en la España actual, llegaría a la conclusión de que los españoles debemos ser un poco lelos. ¿Por qué insistimos en ganarnos la vida trabajando si existe otro modo de vida, la política, con una relación esfuerzo/beneficio incomparablemente superior? ¿Por qué no nos dedicamos *TODOS* a la política? Porque, veamos: los políticos…

• Desde el Poder Legislativo hacen las leyes a su conveniencia, en las que establecen límites a los derechos de los ciudadanos a la vez que se otorgan a sí mismos privilegios injustificables, sin ningún control por parte del pueblo.

• Deciden lo que los demás podemos o no podemos hacer, invadiendo prácticamente todas las esferas de la vida civil. Todo lo contaminan con sus pugnas por el poder, haciéndonos bailar a todos al son que ellos tocan y creando esa atmósfera de confrontaciones constantes y avivando odios por afrentas reales o imaginarias, porque en ese ambiente de crispación es donde ellos pescan más a gusto.

- Nombran a los jueces que han de juzgarles cuando delinquen y en el caso de que algún amiguete resulte condenado, ejercen a discreción la facultad de indultar.

- Deciden el monto de sus propios salarios y qué porción de ellos están exentos de los impuestos que nos hacen pagar a todos los demás.

- Se conceden a sí mismos condiciones de jubilación escandalosamente favorables y pensiones de montos aún más escandalosos, muy superiores a las pensiones, condiciones y limitaciones que nos imponen al resto de la población a través del Instituto Nacional de la Seguridad Social.

- Adjudican subsidios y sinecuras a familiares y amigos y otorgan ventajas obscenas a empresas de allegados por vía legal a través de regulaciones, licencias y prohibiciones. De vez en cuando se destapan escándalos por las ingentes cantidades de dinero público que se reparten sin control, con cualquier pretexto entre parientes, simpatizantes y ONG afines.

- Se eternizan en el poder comprando votos con cargo al dinero público del que previamente han despojado a los contribuyentes.

- Y determinan que todos sus privilegios y dispendios tenemos que pagarlos los ciudadanos de a pie. Ni siquiera tienen que pagar los gastos de sus partidos o sus sindicatos. Nos los cargan a los contribuyentes.

Por eso algunos consideran que ganar las elecciones generales es ganar el cielo. Bueno, los más beligerantes dicen que *el cielo no se gana por consenso, sino que se toma por asalto* (17). El lenguaje bélico va incluso más allá: *"Esto es una guerra"*; *"Os vamos a hundir"*; *"Os vamos a freír a impuestos"* (18). Es claro que en una guerra hay dos bandos, uno de los cuales es, en este caso, obviamente el de esos políticos, puesto que hablan en primera persona. El otro bando tiene que ser el de los demás españoles. ¿Cómo es posible que partidos dirigidos por gente con esta mentalidad obtengan millones de votos en las elecciones? ¿Tendrán esos votantes vocación de esclavos? ¿Masoquismo político? ¿O será una monumental ignorancia y dejadez? ¿Qué lo parece a Ud., estimado lector?

Imagine que Ud. posee una hacienda y que, por no poder regentarla personalmente, contrata a un administrador a quien supone experto, competente y honrado. ¿Le daría Ud. carta blanca para que él mismo escriba el contrato de trabajo a su gusto, para que establezca su propio salario, su horario de trabajo y sus condiciones laborales, para que contrate cuantos ayudantes quiera, para enchufar amigos a quienes también deberá pagar Ud., o para que aumente los gastos de la hacienda hasta copar todos los ingresos que esta produce, y aun para acabar endeudándole a Ud., y hasta prohibirle a Ud. tomar acción alguna respecto a su administración y más aún, que haga lo que haga el administrador, Ud. no pueda echarlo a la calle de ninguna manera hasta dentro de cuatro años?

¿Verdad que permitirle al administrador hacer un contrato de tal guisa sería un monumental dislate? Pues así es, más o menos, el contrato que la población española ha firmado con su clase política en 1978, al aprobar aquella constitución que hoy todos los españoles de a pie estamos obligados a cumplir, pero que los propios políticos que la redactaron pueden saltarse cuando gusten, lo cual hacen a menudo. Claro que ¿Quién iba a imaginar en 1978 que el paso del tiempo nos traería a una situación como la actual? Bueno, pues ya es hora de despertar.

Como quien tiene el poder del Estado maneja el BOE y los presupuestos, además de todos los medios de comunicación públicos, también domina la casi la totalidad de los privados a través de licencias, subsidios y publicidad. En estas circunstancias resulta en extremo difícil que el pueblo pueda sobreponerse a la presión mediática y decidir de manera independiente y objetiva en unas elecciones o reflexionar con serenidad sobre lo que le conviene.

En la práctica, al menos en España, los políticos manejan al electorado casi como a un dócil rebaño ovino mediante efectivas técnicas de mercadeo y la constante presencia en prensa, radio y TV de gente que habla o escribe sesgadamente a favor del *establishment*. Esa presión mediática es tal que a pesar de que la situación de muchos es bastante apurada, a buena parte de nosotros aún nos han llegado a convencer de que esas condiciones de vida son lo normal y de que no hay alternativa mejor, por lo cual no tenemos ni que pensar sobre ello,

No cabe esperar que esos mismos que nos han conducido a la difícil situación actual vayan a sacarnos de ella. Ellos son el problema. Somos nosotros, la gente de a pie, quienes debemos actuar tomando los asuntos públicos en nuestras propias manos si queremos arreglar tanto desaguisado. Tenemos que hacer algo. Y ese algo implica un cambio profundo en la forma de llevar la cosa pública.

12. LOGROS DE LA DEMOCRACIA ESPAÑOLA

El desmantelamiento del sistema político franquista y su sustitución por lo que ahora conocemos como la democracia trajo una serie de consecuencias, muchas positivas, como la mayor libertad en todos los ámbitos, pero otras han sido negativas, cosa que ahora la clase política trata de ocultar por todos los medios.

Comparando lo que los españoles teníamos en 1975 a la muerte de Franco y lo que tenemos hoy, se observan diferencias que ponen de relieve qué es lo que les debemos a nuestros demócratas gobernantes [19]. Veamos:

- En 1975 la tasa de desempleo era del 3,5 %; ahora (2019) supera el 14 % y ha llegado a estar en el 26 % hace pocos años.

- En 1975 el 56 % de la población era de clase media, hoy lo es el 23 %. La mitad de aquella clase media hoy es clase baja.

- El deterioro de la situación económica de los españoles continúa. En 2008 había 11,0 millones de españoles en riesgo de pobreza o exclusión social, un 24 % de la población. En 2017 ya eran 12,4 millones, 1,4 millones más. ¿Cómo será dentro de 10 años si nos sigue gobernando esta misma gente?

- En 1975 no teníamos IVA. Había algo similar, que era el Impuesto al Tráfico de Empresa (ITE), pero era del 2 %. En su lugar ahora tenemos un IVA del 21 %.

- La presión fiscal era entonces del 18,4 %, Ahora es del 34,5 % y sigue creciendo. Cada nuevo gobierno la aumenta.

- En 1975 los salarios estaban libres de retenciones e impuestos y los trabajadores tenían derecho a pensión tras dos años de cotizaciones a la Seguridad Social. Ahora se requieren 15 años como mínimo. Si Ud. trabaja y cotiza durante 14 años y por alguna razón tiene que dejar de hacerlo, pierde todo lo que aportó. ¿Le parece justo?

- La creación de pequeñas empresas apenas tenía papeleo. Hoy requiere casi un mes de trámites y considerables gastos, como consecuencia de la hipertrofia de la burocracia.

- En 1975 España era el tercer constructor mundial de barcos; hoy es el décimo.

- En 1975 España era la novena potencia económica del mundo; hoy es la decimocuarta. ¿Progresamos? Quizá sí, algo, pero otros varios países nos están dejando atrás.

- En 1975 el 36 % del PIB provenía de la industria; ahora, menos del 15 %. La democracia nos ha desindustrializado.

- En 1975 el Estado protegía a las familias numerosas con varios tipos de ayuda. Ahora promueve los abortos.

- En 1975 los bienes privados eran inembargables por el artículo 32 del Fuero de los Españoles. Hoy la Agencia Tributaria entra a saco en el patrimonio de aquellos que tienen la desgracia de caer en sus garras.

- Entonces mucha gente ni se preocupaba de cerrar con llave la puerta de su casa cuando salía, porque la incidencia de robos era mínima. Hoy al salir cerramos la casa a cal y canto, instalamos alarmas y proliferan las empresas de seguridad privada porque la delincuencia desborda la capacidad de control de la policía. Otra consecuencia de la democracia a la española.

- La población penal era de unos 15.000 reclusos, mientras que hoy supera los 85.000, a pesar de que los jueces liberan a los presos mucho antes de que cumplan sus condenas, aplicando una legislación notoriamente laxa.

- La vivienda era protegida con especial rigor y la violación del hogar ajeno se castigaba con severidad. Hoy la okupación impune de viviendas por parte de vagos y maleantes se ha convertido en un problema social serio, al amparo de una legislación que de manera absurda protege a los okupas y hace muy difícil, largo y costoso el proceso de recuperación de una vivienda okupada.

- A lo largo de los 40 años de gobierno franquista hubo cuatro casos de corrupción notables, que se conocieron como los casos Matesa, Manufacturas Metálicas Madrileñas, Reace y Sofico. Hoy los escándalos de corrupción importante florecen como rosas de primavera en un jardín bien cuidado. Se destapa uno nuevo antes de que se cierre el anterior. Los juzgados no se dan abasto para atender tantos casos que afectan prácticamente a todos los partidos políticos que han tocado poder.

- Durante la administración de Franco, en el período 1939-1957 la tasa de crecimiento promedio del PIB fue del 3,4 %, a pesar de la Segunda Guerra Mundial y del bloqueo subsiguiente de los aliados victoriosos. Luego, tras el Plan de Estabilización de 1959, en los 17 años del período 1959-1975 el crecimiento promedio fue del 5,5 % anual. En comparación, en el período democrático 1976-2016 el PIB creció a una tasa media del 1,7 % aproximadamente [20]. ¿Se imagina el lector cómo estaríamos hoy si hubiéramos mantenido el 5,5 % de crecimiento *facha* en los 40 años de democracia? ¡Habríamos dejado bien atrás a toda Europa!

El filólogo y escritor Fernando Sánchez Dragó elaboró un cuadro a modo de resumen que resalta otras diferencias numéricas entre el final del franquismo y lo que había en España en 2016 [21]. Algunas de sus cifras se presentan en la siguiente tabla:

	1975	2016
Déficit público	0,4 % del PIB	8,5 % del PIB
Tasa de paro	3,5 %	24,5 %
Funcionarios del Estado	800.000	3.000.000
Suicidios	Inapreciable	30 diarios
Sueldos de diputados	60 €/día	76.920 €/año

Estimado lector: con esas cifras no estoy proponiendo de ninguna manera que deberíamos regresar a una organización del Estado similar a la de la dictadura de Franco. Aquel fue un régimen opresor y asfixiante para la mayor parte de la población. Persiguió especialmente toda actividad política distinta al Movimiento Nacional y todo lo que tuviese algo que ver con el sexo y la moralidad pública entendida con rigor monástico. Ese régimen está muy lejos de lo que pueda considerarse deseable para todos nosotros.

El propósito de la comparación es poner de relieve el nefasto desempeño de la clase política que se adueñó del país a partir de la Transición, una clase que concibe el Estado como un negocio para vivir a lo grande a costa de los demás, que nos empobreció y que lo seguirá haciendo si les dejamos.

Aparte del agravamiento de la situación económica del trabajador, quizá lo peor es que esa clase política está dividiendo a los españoles, está reavivando los odios otrora superados. Si desde la Sociedad Civil no hacemos algo para evitarlo, acabará rompiendo y arruinando España y hasta quizá nos termine llevando a conflictos tan serios como otra guerra civil.

Las cifras citadas muestran un deterioro creciente de nuestra situación en comparación con la de los países vecinos. Cierto que hemos progresado mucho desde el final del régimen de Franco, pero ese progreso no tiene nada que agradecer a nuestros políticos. *Progresamos a pesar de ellos.* Vivimos un progreso generalizado en el mundo entero y, en nuestro caso, es notoriamente inferior al de otros países de nuestro entorno. En términos relativos hemos empeorado nuestra situación y la dirección que llevamos es a peor.

A lo largo de la Historia, el progreso de la Humanidad ha experimentado grandes altibajos en los que la actividad política ha tenido un papel predominante, pero, muy principalmente, en los aspectos más negativos: en las guerras, las conquistas, la destrucción.

El progreso, hoy y siempre, ha sido y es el resultado de la acción de individuos de la sociedad civil. Todo el progreso habido en la producción de los bienes que necesitamos para llevar la vida cómoda de hoy, los avances en Medicina, en Ingeniería, en la Industria, la Agricultura, en el Comercio, en las ciencias básicas que son el fundamento de los avances tecnológicos que condujeron al gran aumento de la esperanza de vida, el dominio sobre el hambre y el frío, el confort de nuestras viviendas modernas, el increíble progreso de las comunicaciones, la difusión masiva de información, la acumulación de saber sobre infinidad de asuntos que nos importan, todo ello es fruto del trabajo de personas aisladas o equipos de personas de la sociedad civil. Este progreso no le debe nada a la clase política.

Según The Statistics Portal [22], el producto territorial bruto del mundo en 2018 fue de 84.835,46 billones de dólares USA (miles de millones nuestros), o sea, aproximadamente 8,5 $\times 10^{13}$, o para entenderlo mejor, unos 85 billones de los nuestros. Si repartiéramos eso entre los 7,400 millones de seres humanos existentes hoy nos daría 11.486 dólares anuales por persona, unos 957 dólares mensuales por cabeza, incluyendo niños, viejos, bebés, enfermos, parados, mujeres y hombres del mundo entero. En tal hipotético reparto, una familia de 4 miembros tendría ingresos cercanos a 4.000 dólares mensuales, aún en los países más pobres, como Sudán del Sur, Burundi o Malaui.

Gracias a la moderna tecnología, la producción actual del mundo es más que suficiente para que todas las personas que pueblan el planeta puedan llevar una vida más que desahogada económicamente. Si la realidad no es así, no es por insuficiente producción de riqueza, sino por otros factores muy diversos, pero, principalmente por los de origen político. Son las fronteras que definen los territorios en los que manda fulanito o menganito, las leyes que sofocan la producción de riqueza y los sistemas educativos imperantes en muchos territorios que condenan a sus poblaciones en la ignorancia.

Los políticos producen leyes, decretos, reglamentos, regulaciones, impuestos, multas, gasto, deuda pública, trabas administrativas, pero no progreso. Y en España consumen ya más de la mitad de lo que producen los trabajadores. A la luz de las cifras anteriores, resalta la necesidad que tenemos de cambiar el modo de dirigir la Nación. Nos va en ello nuestro bienestar y el de nuestros hijos y nietos.

Resolver los problemas políticos del mundo está fuera de nuestro alcance. En cambio, los nuestros no solo podemos resolverlos, sino que es nuestra responsabilidad hacerlo.

13. CLASES SOCIALES EN EL SIGLO XXI

Se puede clasificar las clases sociales de muy distintas maneras atendiendo a diversos criterios, pero tiene mucho sentido la diferenciación en solo dos: la clase política y el resto de la población; la de quienes mandan y la de los que obedecen; la que tiene el poder del Estado en sus manos y lo controla todo y la formada por individuos que apenas tienen un control precario de sus propias vidas; la clase que no produce nada pero se lleva la parte del león y la que produce toda la riqueza y recibe migajas; es la Clase Política y la Sociedad Civil.

Los ciudadanos de a pie llevamos décadas cediendo terreno, perdiendo libertades, perdiendo derechos, apretándonos el cinturón y votando con la nariz tapada. Véase como se vea, esto es explotación de una clase social por otra. Y es triste que la clase explotada, la formada por toda la población civil, masajeada y adormecida por unos medios de comunicación de masas impúdicamente alineados con el *establishment* político, en buena parte ni siquiera percibe con claridad que está siendo exprimida ni se siente esquilmada.

Un pequeño grupo, la élite política que maneja los recursos del Estado, cuyo número posiblemente no supere el medio millón de personas y que no produce nada que la gente quiera comprar, vive en la opulencia explotando a los otros 45 millones que componen la sociedad española.

No debemos confundir funcionarios del Estado con clase política dirigente. Los servicios de maestros, médicos, policías, jueces, soldados, etc. son tan valiosos para la sociedad como los de cualquier otro grupo profesional. Aunque sean funcionarios públicos, vivan también del presupuesto, y en general tengan salarios más altos que los del resto de la población para funciones similares, esos funcionarios no son parte de la clase explotadora, sino parte de la clase explotada.

En este ensayo propongo que nos defendamos. Si queremos progresar de verdad tenemos que sacudirnos de encima esta clase política explotadora e inescrupulosa que nos oprime y obstaculiza nuestra prosperidad. Pero no mediante una lucha de clases como la que proponían Marx y Engels en el Manifiesto Comunista. Nada de violencia ni sangre. Nada de destruir lo bueno que hoy tenemos. La lucha de clases marxista implicaba el exterminio de la clase opresora y la destrucción del sistema existente para sustituirlo por un hipotético paraíso proletario que nunca llegó ni podía llegar. Nuestra lucha no puede ser algo así.

Ahora no se trata de destruir nada ni exterminar a nadie, sino de poner bajo control ciudadano a una casta que no ha sabido o no ha querido usar el poder del Estado para beneficio de la mayoría. Tampoco se trata de sustituir esta clase política actual por otra nueva sin más. El problema no es de personas o nombres, sino del propio sistema político vigente. Ni siquiera necesitamos sustituir a los políticos, al menos, no a todos ellos. Necesitamos, eso sí, imponer estrictos controles a su labor. Necesitamos poner a los gobernantes y legisladores al servicio de los ciudadanos y no que sean los ciudadanos quienes estén al servicio de legisladores y gobernantes.

14- LA HOJA DE RUTA RESUMIDA

Sólo precisamos hacer unos pocos cambios legales. Sobre todo necesitamos otra Constitución en la que, entre otras cosas, se instituya el Referéndum Vinculante de Iniciativa Popular, el cual pueda ser convocado en cualquier momento por un número suficiente de electores y que permita a los ciudadanos derogar leyes injustas aprobadas por los políticos, o aprobar directamente otras sin pasar por las Cámaras, o destituir de manera fulminante a cualquier funcionario, incluyendo ministros y al propio presidente del Gobierno. Así es como se hace en la empresa privada con empleados que no cumplen satisfactoriamente con su trabajo y funciona estupendamente. En este nuevo sistema, la ciudadanía tendrá siempre la última palabra en todos los asuntos que le conciernen.

Lo que necesitamos es crear una organización política que impida la reproducción de los mismos vicios actuales y que permita que la inagotable iniciativa, la inventiva y el genio de la gente se manifieste libremente en todos los órdenes de la actividad humana.

Urge eliminar los escollos que la clase gobernante le opone al progreso de la sociedad y encauzar el poder del Estado para ponerlo al servicio real de toda la ciudadanía y no de la casta dirigente en exclusiva. Es, fuera de dudas, una tarea difícil que deberá superar numerosos y serios obstáculos. Imaginemos cómo reaccionará la clase política, con todo el poder del Estado en sus manos, si se ve abocada a un paro forzoso por un proceso de adecentamiento de las Instituciones Públicas.

Pero ¿Cómo lograr poner en pie esta nueva organización política? Como ya se dijo más arriba, los cambios requeridos son de tal magnitud que solo pueden hacerse desde el poder del Estado. Luego, ¿cómo podemos los ciudadanos de a pie llevarlos a cabo?

Gracias a los modernos medios de comunicación y a la Internet, hoy es factible realizar las reformas que necesitamos. Para ello solo tenemos que ponernos de acuerdo en la Sociedad Civil. Solo eso. Que un número suficientemente grande de ciudadanos de a pie nos pongamos de acuerdo respecto a unos pocos aspectos fundamentales de nuestra organización política e imponérselos por medio del voto a la clase dirigente. Hasta parece fácil. Solo necesitamos convencernos a nosotros mismos y a 11 o 12 millones de compatriotas de que podemos hacerlo; de que es posible y muy deseable acordar entre nosotros unos cuantos puntos, muy pocos, solo tres o cuatro, cuya conveniencia para todos es tan meridianamente clara que nadie en sus cabales rechazaría.

En resumen, el camino que sugiero aquí es el siguiente:

1- Mediante discusión digital pública en www.ForoCivil.es o en otro medio quizá más idóneo procedente de otras iniciativas, se acordarán las medidas legales mínimas necesarias para lograr instituir un Estado al servicio real del ciudadano.

2-   Una vez acordadas esas medidas y sean respaldadas por una muy amplia mayoría, se propondrá a un partido político de entre los existentes o a un grupo ad-hoc de personas particulares que se comprometa de manera insoslayable a llevar a cabo las medidas acordadas, si resulta electo por mayoría absoluta.

3-   Los ciudadanos que respalden tales medidas se comprometerán de manera firme a votar en las siguientes elecciones por el grupo o partido que haya sido designado por el foro para llevar a cabo los cambios legales necesarios. Necesitamos 11 o 12 millones de votos. Se pueden conseguir si lo que proponemos es lo bastante convincente y ventajoso para los votantes.

4-   La primera y única acción del grupo electo será aprobar en el Congreso y en el Senado las medidas previamente acordadas por los ciudadanos y luego promover su aprobación en un referéndum, tras lo cual llamará a nuevas elecciones bajo la nueva legislación.

Lo que se pretende aquí es poner en marcha un mecanismo de participación ciudadana para poner freno a los desmanes de la clase política. El plan detallado contenido en los próximos ensayos es sólo mi personal visión de cómo puede llevarse a cabo. Probablemente ese plan pueda ser modificado y mejorado y lo que al final se ejecute será lo que se acuerde por mayoría muy amplia en el foro de discusión digital.

Es claro que un foro como ese, en el que puede participar quien quiera, tendrá una fuerte tendencia al caos. Más aún, será blanco de grupos de troles e interesados en impedir todo acuerdo. Por ello ese foro deberá regirse por unas reglas estrictas, por ejemplo, deberá excluir ataques ad hóminem e insultos. Se deberá permitir que se discutan las ideas propuestas de la manera más libre y con toda la acritud que se quiera, pero no deberán aceptarse ataques, insultos o menosprecio a las personas que las propongan. Se trata de elegir las mejores ideas, no de condenar a nadie.

Dada la dificultad para alcanzar mayorías muy amplias sobre cualquier tema en un foro como el propuesto, éste debería limitarse a deliberar solo sobre unos pocos puntos, solo aquellos cuya conveniencia para todos sea tan meridianamente clara que los rechazos sean mínimos o inexistentes. Lo cual será posible en muy pocos casos, especialmente teniendo en cuenta nuestra muy española inclinación en disentir en todo.

En el siguiente ensayo de esta serie, titulado *El Estado Que Queremos*, se plantean las reformas que necesitamos y en el tercero, *La Democracia del Futuro*, se expone en detalle esta misma hoja de ruta.

15. ¿QUÉ PUEDO HACER YO?

Estimado lector:

En primer lugar, gracias por leer este ensayo hasta el final, tanto si Ud, está de acuerdo con lo que ha leído como si no lo está o lo está parcialmente.

Si tras esta lectura Ud. piensa que los españoles tenemos que hacer algo para enrumbar nuestra nación hacia mejores destinos y desea echar una mano para ayudar en la medida de sus posibilidades, permítame que le sugiera algunas formas de contribuir a este proyecto:

Un primer nivel de contribución que podría Ud. hacer con un mínimo esfuerzo es ir a Amazon.es (Amazon.es, Departamento Tienda Kindle y escribir "democratizar" en el espacio de búsqueda, luego pinchar en la imagen del libro), y abajo, cerca del final de la página, pinchar en el botón "Escribir mi opinión" y marcar el número de estrellas que le merece este ensayo. Con esta acción Ud. estará contribuyendo al éxito de este proyecto, porque eso animará a otras personas a adquirir y leer este libro y a difundir sus ideas.

El siguiente nivel de contribución, si Ud. desea hacerlo, sería escribir una reseña de esta obra en la misma página de Amazon.es antes indicada para orientar a otros posibles lectores, expresando la opinión que le merece el libro y el proyecto que en él se plantea. Puede ser solo un comentario breve o una reseña tan larga como guste.

Si Ud. deseara hacer una contribución aún mayor, podría ayudar a difundir estas ideas entre sus amigos y en sus cuentas de Facebook, Twitter, Instagram o cualquier red social de su agrado. El éxito de este proyecto depende de cuánta gente se sume al mismo, por lo que toda contribución a darle mayor difusión será muy valiosa.

Si Ud. quiere involucrarse aún más, entonces puede hacerlo visitando el web https://www.ForoCivil.es. Este sitio ha sido creado para servir de soporte al proyecto. Si Ud. tiene ideas sobre lo que conviene hacer y cómo hacerlo, por favor póngalas por escrito en ese web. Cualquier idea podrá ayudar. Cuantas más cabezas pensantes se sumen, mayor será la probabilidad de éxito.

ForoCivil.org es aún una web muy rudimentaria. Está en construcción y necesita toda la ayuda que pueda prestársele, tanto en su preparación y programación como en su administración. Si Ud. es experto en programación de HTML, o en bases de datos, como MySQL o sabe cómo mejor organizar un foro digital con reglas que eviten la interferencia de troles, su ayuda sería muy valiosa. Si se anima a ello y quiere formar parte del equipo que lleve adelante el proyecto, sea Ud. muy bienvenida o bienvenido.

16. REFERENCIAS

(1) https://www.efe.com/efe/espana/economia/los-hogares-con-todos-sus-miembros-en-paro-bajan-a-1-193-900/10003-3419551

(2) http://www.ine.es/prensa/epa_2016_d.pdf   Resumen en http://www.elmundo.es/economia/2017/11/09/5a0362df268e3e48318 b464f.html

(3) https://www.libertaddigital.com/espana/2018-08-07/la-larga-lista-de-politicos-que-falsificaron-sus-estudios-1276623101/

(4) http://videos.elmundo.es/v/0_7f5i7fwf-los-curriculos-inflados-de-otros-partidos-que-senala-el-pp?count=0

(5)https://www.researchgate.net/publication/11557167_Social_domin ance_in_monkeys_dopamine_D2_receptors_and_cocaine_self-administration

(6)- *In Sickness and in Power: Illness in heads of government during the last 100 years*, 10 Apr 2008 by David Owen. Amazon Kindle Books.

(7)- Hubris syndrome: An acquired personality disorder? https://academic.oup.com/brain/article/132/5/1396/354862

(8)- https://www.ideasforleaders.com/ideas/beware-of-hubris-syndrome-a-leadership-personality-disorder.

(9)- Olds J., Milner P. (1954) Positive reinforcement produced by electrical stimulation of septal area and other regions of the rat brain. *Journal of Comparative and Physiological Psychology*. 47:419-427.

(10)https://es.wikipedia.org/wiki/Anexo:Guerras_por_n%C3%BAmer o_de_muertos

(11) https://www.europapress.es/nacional/noticia-asi-nacio-
constitucion-espanola-1978-fruto-consenso-transicion-democracia-
20141204075940.html

(12)
https://www.lavanguardia.com/politica/20170104/413070656956/con
greso-constitucion-1978-alianza-popular-manuel-fraga-jordi-
pujol.html

(13) https://cronicaglobal.elespanol.com/politica/pujol-exigia-
personalmente-las-mordidas-el-3-de-comision-iva-
incluido_10927_102.html

(14) https://www.amazon.es/Banca-Catalana-abierto-
esc%C3%A1ndalo-enriqueci%C3%B3-ebook/dp/B00U0JAK4W

(15) https://www.dolcacatalunya.com/2016/08/documento-prueba-
jordi-pujol-diseno-pruses-1990/

(16) http://www.libremercado.com/2015-03-24/estado-y-autonomias-
publicaron-un-millon-de-paginas-en-los-boe-durante-2014-
1276543817/

(17) https://www.eldiario.es/politica/Pablo-Iglesias-Asamblea-
Podemos-toma_0_314968669.html

(18) https://www.libremercado.com/2015-06-02/isidro-lopez-nuevo-
diputado-de-podemos-en-madrid-os-vamos-a-hundir-y-a-freir-a-
impuestos-1276549485/

(19) https://intereconomia.com/economia/macroeconomia/espana-
vivia-mejor-1975-2016-20170112-1039/

(20) https://www.libremercado.com/2018-10-27/el-crecimiento-
economico-en-la-espana-franquista-una-verdad-que-incomoda-a-la-
izquierda-1276627170/

(21) https://intereconomia.com/economia/macroeconomia/espana-vivia-mejor-1975-2016-20170112-1039/

(22) https://www.statista.com/statistics/268750/global-gross-domestic-product-gdp/

(23) https://www.libremercado.com/2019-07-18/la-deuda-publica-por-habitante-sigue-subiendo-y-ya-esta-en-25000-euros-por-cabeza-1276642055/?_ga=2.5356979.1649444050.1563120376-1706194216.1559584854

17. ALGO SOBRE EL AUTOR

Eugenio García Pastoriza (Moaña, Pontevedra, 1940) es químico por la Universidad Complutense (Madrid) y jubilado por la Universidad Simón Bolívar (Caracas), de la que fue uno de sus fundadores.

Durante su vida laboral ejerció la docencia e investigación en Fisicoquímica y Electroquímica en tres universidades venezolanas (UDO, UCV y USB). Está casado con la madrileña que fue su novia durante su época de estudiante, tiene dos hijas y dos nietas y vive actualmente en Alcobendas (Madrid).

Siempre se ha interesado por la política y ha seguido muy de cerca la política española, la hispanoamericana en general y especialmente, la venezolana, de cuyo progresivo deterioro ha sido testigo y víctima. Ahora se dedica a escribir y a programar sistemas automatizados para el comercio de divisas.

A pesar de su interés en la política nunca ha participado en ella, no sólo por su dedicación al trabajo académico, sino también por la repulsión derivada de sus observaciones de como la actividad política hace aflorar lo peor de la naturaleza humana.

El egoísmo y la ambición de poder sin control de los líderes conducen inexorablemente al deterioro progresivo de las democracias. A mayor o menor velocidad todas degeneran, acumulan vicios, y en el horizonte más o menos lejano de todas ellas se vislumbra el final: dictadura y posible debacle humanitaria como la que la ***democracia participativa*** de Chávez-Maduro le trajo a Venezuela. Nadie se lo cree cuando aún está lejos. Cuando la sienten en sus carnes es ya demasiado tarde. Pastoriza lo ha visto. Estuvo allí.

Si gusta, puede contactarlo en: pastoriza@democratizar.es. Le complacerá recibir y contestar su mensaje. Quizá le interese a Ud. también visitar https://www.democratizar.es .